《艺术之约》（美术卷）

主　编/音　渭　林　锜

# 艺术之约

*Munch*

# 蒙克

全十一妹 音 渭 编著

山西出版传媒集团
山西教育出版社

**图书在版编目（CIP）数据**

蒙克 / 音渭，林锜主编；仝十一妹，音渭编著. -- 太原：山西教育出版社，2015.9

（艺术之约）

ISBN 978-7-5440-5695-3

Ⅰ. ①蒙… Ⅱ. ①音… ②仝… Ⅲ. ①蒙克，E.（1863-1944）- 传记
Ⅳ. ①K835.335.72

中国版本图书馆CIP数据核字(2015)第054109号

艺术之约 · 蒙克
（YISHU ZHI YUE MENGKE）
音渭、林锜 主编 仝十一妹、音渭 编著

出 品 人 雷俊林
策 划 人 孙 轶 魏雪萍
责任编辑 李梦燕
装帧设计 王春声

---

出版发行 山西出版传媒集团 · 山西教育出版社
（地址：太原市水西门街馒头巷7号 电话：0351-4729801 邮编：030002）
印 装 山西臣功印刷包装有限公司
开 本 889×1194 1/32
印 张 7.125
字 数 111千字
版 次 2015年9月第1版 2015年9月山西第1次印刷
书 号 ISBN 978-7-5440-5695-3
定 价 31.90元

---

# 来赴一场艺术之约

（代序）

绘画是人类天生的艺术。人们从孩提时代，便懂得用简单的线条勾勒眼中的世界。

好花不常开，好景不常在，有人却能用画笔将一刹那定格成永恒；平凡的事，平凡的物，有人却能赋予其新的生命，带人们发现它的美好；有形的景，无形的情，有人却能将情感挥洒成动人心魄的色彩，唤起人们深深的共鸣。

这样的作品，这样的人，都是我们耳熟能详的。它们永恒地铭刻在人类文明史上，深深植入我们的头脑，构成我们基本的常识。这套书，便是一封跨越世纪的邀请函，翻开它，来赴一场艺术之约。

它讲的是美术家的人生，同时用人生的河流串起每一处绝妙的风景，也就是他们的作品。他们的生命从哪里开始，他们有怎样的家庭、怎样的童年、怎样的爱情、怎样的病痛，又怎样成长、怎样探索、怎样谋生，那些伟大的作品又是在什么情况下诞生……你会在这里一一找到答案。

他们其实不是艺术圣坛上那一张张用来膜拜的画像，而是跟我们每个人一样，有血有肉，有哀有乐。米勒有一个温暖快乐的童年；雷诺阿生了一个成为20世纪著名导演的儿子；高更最先是一位从事金融业、收入丰厚的绘画“票友”；梵高直到生命的最后一年才卖出一幅画；毕加索情人无数，80岁时还迎娶了35岁的妻子；蒙克一生在亲人去世、病痛、烟酒、精神癫狂中度过，却活到81岁高龄……每一幅经典画作，不再是展览墙上的木框，而与鲜活的生命相联系。你能够如此真切地感受到那些线条与色彩是由怎样的双手来勾勒的。

当这许多位美术家汇集到一起，又串起了一部美术史，他们是美术史的链条上最璀璨的珍珠。每一本书都不是孤立的，而是互相呼应，他们是自己的传主，同时又是其他传主的背景。有时，几位名家同时出现或前后承接，你会发现他们在时间和空间上竟如此相近。你仿佛徜徉在巴黎的卢浮宫，漫步在枫丹白露森林，沉浸在浓厚的艺术氛围中。你看到他们在塞纳河畔背着画夹写生，在学院的画室研究着比例与笔法，在街角烟雾缭绕的酒馆进行着思想的争鸣，在为参加各种沙龙而忙着选画、贴标签、装箱、布展……

你的美术素养不再停留在知道几幅画作、几个名字上，你与艺术的联系更加紧密。你会在一场美术展览中关注画作的派别和技巧，你会在子女接受美术教育时找出最经典的画作，你会在某个地方旅行时说出哪位美术家曾与你走过同一段路。

更重要的——你会更加深刻地感受到艺术的美好。面对安格尔的《泉》，你是否为少女洁白自然的胴体而赞叹？面对米勒的《晚钟》，你是否为农民的虔诚、宁静、纯洁而感动？面对雷诺阿的《煎饼磨坊的舞会》，你是否听到阳光在树叶的空隙中欢跃喧闹？面对梵高的《向日葵》，你的双眼是否被那火焰般的明亮点燃？

林　锜

2015 年 6 月于北京

# 目　录

# 第1章：疾病和死亡笼罩下的童年

## 第一节 母亲之死

在辽阔的欧洲大陆的北端，有一片被波罗的海、北海、挪威海等海域包围的半岛——斯堪的纳维亚半岛，它临近北极圈，被冰河、白雪和森林覆盖，有着悠久的历史和古老的神话传说。挪威是斯堪的纳维亚半岛上国土最狭长的国家，有着曲折的海岸线，与海平面相交错，大西洋暖流形成的温带海洋性气候使它成为一片湿润、多雨雪的土地。它的首都奥斯陆，旧称克里斯蒂安尼亚，坐落在国土南端，深藏在奥斯陆峡湾北边的山丘上，三面群山环抱，面对着世界闻名的不冻港奥斯陆湾。这是一片浪漫而传奇的土地，也是 19 世纪末 20 世纪初著名的现代艺术大师爱德华·蒙克的家乡。

1863 年，蒙克出生于奥斯陆南边的小城卢登。1944 年，蒙克逝世于奥斯陆郊外的埃克利画室，走完了他 80 年的传奇人生。

1868 年一个冬天的傍晚，雪花轻轻地飘洒，天空有些阴霾，克里斯蒂安尼亚城的街道上行人寥寥。而在城市一角的一间民房里，却是一番其乐融融的温馨景象。克里斯蒂安·蒙克正坐在炉火旁，眉飞色舞地给孩子们讲故事。三颗小脑瓜簇拥在他周围，他们分别是 6 岁的索菲亚、5 岁的蒙克和 3 岁的彼得。他的妻子劳拉·边斯坦德正坐在床边，怀抱着几个月大的英格，眼睛骨碌碌地盯着父亲和哥哥姐姐这边。旁边还有一个摇篮，躺着只有 1 岁的小劳拉，她已经早早睡着了，没有受到任何打扰。克里斯蒂安是个讲故事的好手，他张口即来，一会儿讲到自己搭船出海寻宝，一会儿讲到遭遇海盗，孩子们听得非常入迷。“父亲，你们摆脱了海盗的威胁，后来怎么样了呢？”“我们就在大海上随风漂流啊。食物也都吃完了，但是我们很乐观。船上有个画家，他在甲板上画了奶酪、鳕鱼、葡萄酒，我们围坐在一起，就像举行着宴会一样……”“呵呵，那个画家真厉害，我要是也会画，那就在咱们家墙上画满东西。”“孩子，东西好画，但是我说样事物，可就不好画。”“什么事物?”“就是仙女呀。”“怎么会有仙女呢?”“可不是嘛。我们漂流了好些日子，终于回到了港口。我已经饿得头昏眼花，半死不活，但是当我突然看到附近一艘商船上出现了一个仙女时，我立刻就精神起来啦!”正当孩子们听得津津有味的时候，克里斯蒂安突然话头一转：“哈哈，你们看，你们的母亲不就像仙女一样吗?”孩子们这才明白父亲的意思，一边笑一边望向母亲。母亲温婉地一笑：“孩子们，我向上帝保证，你父亲讲的连一成实话都不到，他可不是个好榜样。”一家人在这时再次发出一阵欢笑声。

就在这时，母亲突然爆发出一阵咳嗽，中断了这个美好的家庭聚会。父亲脸色一沉，轻声说道：“是不是又严重了?”母亲咳了好久才缓过气来，当她抬起头来时，脸色苍白，嘴角上有一丝血迹。她勉强地一笑，摸摸孩子们的头：“时间不早了，孩子们该休息了。”

小蒙克带着一脸的疑惑和担心躺在自己的床上，眼睛睁得大大的，盯着窗外。母亲断断续续的咳嗽和父亲低沉的问候时不时灌进他耳中。他不能确切地知道父亲和母亲之间有什么共同的秘密在瞒着他们，但天生的敏感使他直觉到一种命运的阴影在无形中向他逼近。晚上，他不断被奇奇怪怪的梦惊醒，一会儿梦见自己在拿着画笔挥挥点点，一会儿又梦见母亲从一艘船上升空而去，越飘越远……

小蒙克的父亲，克里斯蒂安·蒙克，是一个有着海军上尉军衔的医生。他年轻时有过一段时间的漫游生活，在船上做医生，漂泊于海浪之间。他在44岁时与22岁的劳拉·边斯坦德结婚。边斯坦德小姐是一个商船船长的女儿，和他一样是个虔诚的基督教徒。她身量纤纤，性情沉静，脸色苍白，有一种病态的美，这让克里斯蒂安对妻子又是爱怜又是疼惜。他们先是住在克里斯蒂安尼亚以南海德马克郡的卢登，女儿索菲亚和儿子蒙克出生在那里。不久他们搬到克里斯蒂安尼亚，又生了一个儿子和两个女儿。克里斯蒂安为人很有气度，慷慨大方，性格豪放，乐观而有责任感。他婚后结束了漂泊，在亚克舒斯城堡做军医，还可以时常做一些私人业务补贴家用。他很满足于跟妻子孩子相聚在一起的天伦之乐。他喜欢给孩子们讲故事，历史、文学、神话、传说，加上他自己的漫游见闻，使故事绘声绘色且具有启发性。

但是，在幸福生活的背后，一颗不定时炸弹正在随时

蒙克一家

《死去的母亲》，1894 年

准备攻击这个家庭。在这个漫长阴冷的冬天，命运注定会改变。这个可怕的恶魔就是肺结核，这在当时还是不治之症。原来，蒙克的外祖母就是在36岁时死于肺结核的。而现在，同样的命运即将降临在30岁的母亲身上。克里斯蒂安是医生，当他发现妻子的病况时，已经无能为力。

幼小的蒙克感到家中的气氛在一天天变得凝重。终于，有一天，母亲把他和姐姐索菲亚叫到身边。屋子里光线昏暗，母亲靠在窗户边，背对着窗户，显出一个轮廓，看不清面容。蒙克和姐姐在两把小童椅上坐着，感到莫名的紧张。母亲缓缓地说："孩子们，我将要离开你们了，希望你们不要伤心。你们要继续虔诚地对待耶稣，这样，以后他还会安排我们在天堂团聚。你们要互相照顾，还要好好地照顾弟弟妹妹。我永远爱你们。"蒙克虽不甚明白，但这离别的气氛却让他浑身发抖，他忍不住与姐姐抱在一起抽噎起来，直到号啕大哭。

1868年圣诞节过后，5岁的蒙克失去了母亲。这给他的童年抹上了一层浓厚的阴影。他正处在似懂非懂的年纪，亲眼看到母亲一天天衰弱下去，看到母亲终于躺在床上不再应声，看到亲友往返忙碌于丧事、几乎忽略了他们几个孩子。他感到自己是那么惶恐，那么无助。蒙克在自己的画中，无数次地反映过死亡的主题，这与童年留给他的印象是分不开的。在《死去的母亲》一画中，母亲那骷髅一样的头深陷在枕头里，站在母亲灵床前的孩子，睁着双眼，孤独地看着周围的世界，那仿佛是他自己的写照。

## 第二节　卡琳姨妈和最初的绘画

母亲去世后，整个家庭的氛围都变了，往日的温暖消失得无影无踪，阴郁和灰暗蔓延在这个家庭的每一个角落。父亲首先变得消沉。他向来不是一个特别高明的医生，行医所得的收入只能勉强够一家人糊口。加之他又为人慷慨，时常减免一些穷人的诊费，家庭的经济情况就更加拮据。妻子的去世，让他因为自己的医生身份而更加苦恼。与孩子们相比，他作为一个成年人，一个医生，更加明白一切都无可奈何，无可挽回。他身为一个医生，却无法为深爱的妻子减轻哪怕一点点的痛苦。妻子离世之后，她苍白的面庞还是日夜浮现在他的眼前。他痛恨自己的束手无策，不知不觉陷入一种深深的绝望中。和一些失去妻子后逐渐垮掉的男人一样，他变得暴躁，神经质，喜怒无常，并且陷入了病态的宗教信仰之中。显然，这样的父亲是无法给孩子以温暖的，他那变化无常的情绪，只能让这些失去母亲的孩子觉得更加不安全，孩子们不敢再接近父亲，这给蒙克幼小的心灵以沉重的负担。

在这种情况下，母亲的妹妹卡琳姨妈，挑起了这个家庭的重担。因为母亲身体向来很虚弱，所以卡琳姨妈时常过来照料。母亲生病后，卡琳姨妈更是全面承担了家务和照看孩子的工作。如今，看到姐姐去世后家里的状况，她更是义无反顾地选择了继续留下。和她的姐姐一样，她是个温婉可亲的女人。她把自己的青春都奉献给了孩子们，终身未嫁，直到 1931 年去世。她是蒙克黑暗的童年和少年时光中难得的一丝温暖和光明。在蒙克刚进入美术学校学习绘画的时候，他画了很多家人的肖像画，其中有一幅绘于 1883 年的《坐在摇椅上的卡琳姨妈》，画中姨妈安详地坐在窗前的摇椅上，一身黑衣，双目半闭，似乎在休息，又似乎在祈祷。她的神态平静柔和，有一种母性的光辉。从这幅画中，可以看出蒙克对姨妈的尊重和感激。

在蒙克的绘画启蒙中，卡琳姨妈也起了很重要的作用，可以说，是她牵着蒙克的手，把他领进了艺术的大门。卡琳姨妈喜爱绘画，尤其是画风景。她在打理家务的闲暇时候，会画上几笔，有些画得有一定的水平，还可以拿来卖钱。而她的不经意的榜样作用，对蒙克是一个启发。

一天，父亲发现自己的一叠处方纸不见了，他找来找去，来到房子后面，看到蒙克和索菲亚正煞有介事地对着树林画画，用的正是他的处方纸的背面，几个弟弟妹妹在一旁也跟着捣乱，弄得满身是泥土和颜料。父亲气得大声斥责："爱德华，你太不像话了！"孩子们见到父亲，全都吓得缩在一起。这时，卡琳姨妈闻声赶来，看到这个情景，连忙劝慰。她揽着孩子们，对父亲说："孩子们没什么好玩的，写写画画不是很好吗？为什么不鼓励他们呢？特别是爱德华，他身体不好，性子安静，不爱跑跑闹闹，却能连续坐好几个小时画画。你看，他画得很不错呢！"父亲细看孩子们的涂鸦，发现蒙克画得果然很不错，又想到自己确实不应该发火，脸色也就缓和下来。懂事的索菲亚连忙说道："就让弟弟画吧，我会陪着他，保证不浪费东西，不让弟弟妹妹们调皮。"

蒙克的确是很有绘画的天赋，绘画既是他用来娱乐的方式，也是他排遣情绪的方式。得到姨妈的鼓励后，他更加上进。他不但模仿姨妈的画，而且还善于观察，能发现事物的特点。有一次，他在街上见到一队盲人走过，痴痴地看了很久，他们那茫然的神情、小心翼翼的动作给他留下了深刻的印象。回到家，他按照自己的记忆，用一块炭笔勾勒出了盲人的姿态。这一年，他才 7 岁。

## 第三节　格鲁纳克之痛

蒙克 12 岁那年，全家搬到了格鲁纳克，克里斯蒂安尼亚城郊一个正在开发的地区。那里的居民主要是建筑工人，人口密集。父亲希望到这里增加出诊的私人收入。他的社会地位虽然是文职人员，但经济条件却比城市贫民优越不了多少，社会身份反而成了一种负担，使他在亲戚面前抬不起头来，所以与人的关系更加疏远。

格鲁纳克的环境非常恶劣，一家人租住在格鲁纳克潮湿的平房里，附近河流的寒气侵袭着人的身体，穿堂风呜

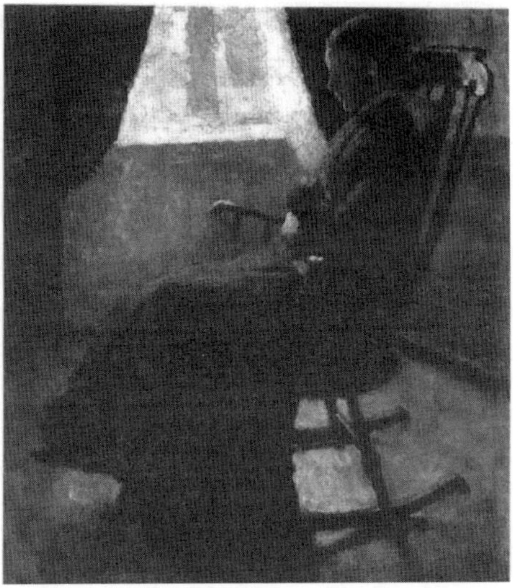

《坐在摇椅上的卡琳姨妈》，1883 年

蒙克早期的风景画

呜地叫着，工地和未投入使用的建筑物周围杂乱无章地堆积着的废弃物，弥漫着恶臭。在这样的环境中，人特别容易生病。但是周围医生很多，竞争激烈，父亲不但没能增加业务收入，反而使一家人的健康因环境而受到威胁。

蒙克不幸遗传了母亲的体弱，虽然在卡琳姨妈的带领下他经常锻炼，身体状况有所改善，但是他童年、少年的时光，还是有相当一部分是在病榻上度过的。蒙克的家离学校很远，往返奔波很不容易，这对体弱多病的蒙克是个很大的挑战。在卡琳姨妈的鼓励和支持下，蒙克拖着虚弱的身体完成了基础教育。但是如果我们看看他的出勤记录，就会发现蒙克还是经常请假，有时候甚至需要辍学养病。人在病中很容易觉得寂寞和苦闷，蒙克也是一样。于是，他只有靠画画来排遣寂寞。在断断续续的生病时光里，蒙克手握画笔，沉默地画出一张又一张画稿。洒在树叶上的阳光，落在窗台上又飞走的鸟儿，家里色泽暗沉的墙壁，餐桌上寂寥的白色餐布，都经由他的一支笔，进入画中。

在我们现在能够看到的他少年时期的画作中，有不少风景画，这可能是受到了他姨妈的影响。蒙克还画过很多生活场景，这些画作真实地记录了他们家当时的生活。蒙克儿时家庭的家具，在今天的蒙克博物馆里我们还能看到，这些都是蒙克保留下来的。这些被保留下来的家具基本都能在蒙克少年时期的画作中找到，可见蒙克虽然日后成为一个以表现人的心理情绪著称的艺术大师，但是在他艺术启蒙的阶段，也是从写生开始的。

蒙克早期为家人画过不少肖像或群像，在画面中，父亲和孩子们都没有什么直接的眼神触碰，大家的脸总是转向一边，似乎在有意避免发生交流——母亲去世之后，这个家庭越来越沉默了。困苦的生活仿佛消磨了一切欢乐，亲人之间缺少交流、不能相互理解，这比冬风更加寒冷，比天色更加阴霾。唯一给他安慰的是姐姐索菲亚，她对弟弟非常关心，她了解他的寂寞，熟知他的爱好，总是尽可能地陪伴他，有时还跟他画同样的画来较量一番。从索菲亚遗留下来的画作来看，她的天赋并不逊于蒙克，说不定长大后也会是个成就非凡的女画家。然而，这份天赋注定要过早夭折。

那年，蒙克 15 岁，已经是个懂事的少年了。敏感的他发现姐姐最近不爱陪他画画了，总是很晚起床，胃口似乎也不好了。他问道："索菲亚，你生病了吗?""嗯，也许是感冒吧，浑身疲倦，傍晚有点发热。等父亲回来给我开点药好了。"但是，索菲亚的病情不但没好转，反而有越来越严重的倾向，夜晚开始盗汗，身体一天天消瘦下去。当索菲亚咳出第一口鲜血的时候，蒙克十年前的记忆一下子涌上来，他强烈地感受到了死神的逼近。失去母亲的恐惧像一只大手，揪住了蒙克的心。如果姐姐也像母亲一样死去……蒙克无法想象那是怎样的悲痛。他只有更加虔诚地祈祷，祈祷仁慈的上帝能够听见他静默的呼号，能够让姐姐留在他的身边。然而一切祈祷都挽留不住姐姐的离去。

十年前的一幕重新上演。那个午后，那张床，甚至窗口射进来的暗淡的阳光，都一模一样。索菲亚脸色微红，发着烧，眼睛不安地扫视着房间。她喃喃地说："爱德华，我看到它的头了，它是死神。我不喜欢这个恐惧的东西，你能帮我拿开吗?"她的神经已经错乱，眼神变得涣散。蒙克仿佛切身感受到了死神的逼近，它正在把姐姐鲜活的生命从他手中攫走，他却无法跟这个看不见的恶魔争夺……

姐姐死亡时，蒙克正处在心理和生理剧烈变化的青春期，当年母亲死亡的懵懂记忆在姐姐死亡后变得鲜明而强烈，记忆的痛苦和现实的痛苦同时向他袭来。他感到眼前的生活是毋庸置疑、无法改变的事实，然而这事实却是这样残酷，这样不可理喻。为什么平白无故地要失去心爱的亲人？为什么日子要这样颠沛流离？这些沉重而无法回答的问题在蒙克的心中埋下了忧郁苦闷的种子。晚年的他曾写道："死亡、疾病、精神错乱，飘摇在我童年的摇篮之上。"后来走上艺术道路，他比其他人更多地关注生命，关注人内心的感受，这是童年经历造就的。

随着年龄的增长，蒙克变得愈加沉默寡言，只沉浸在自己的绘画世界中。他十几岁的时候就经常去看艺术协会展览，后来还去过布鲁奎斯特的展览室看国家美术馆的画集，现在他更加渴望接受专业的美术训练。然而，父亲却并不愿意儿子继续在艺术的道路上走下去。之前，蒙克随着卡琳姨妈学习绘画的时候，他是抱着肯定甚至鼓励的态度的，他觉得一个人有一定的艺术修养是好的。但是听到儿子要以此为职业，他便不能够接受了。而且绘画这种职业显然并没有一个稳定的收入，如果以后儿子真的干这一行，说不定经济境况比现在还不如呢。这么多年来，克里斯蒂安深知经济拮据的滋味，哪个做父亲的不愿孩子过上安稳的生活？他的担忧是有道理的。依他来看，做个工程师是最稳妥的，于是，在他的坚持下，蒙克于 1879 年进入了克里斯蒂安尼亚的工程技术学校。

在既往的读书生涯中，蒙克就因为身体原因而影响学业，这种情况并没有因为年龄的增长而得到改善，他依然常常在课堂上缺席，而且学校教授的内容对蒙克完全没有吸引力。蒙克经常不自觉地在笔记本上画速写。他真切地感受到，左手拿着调色板，右手握着画笔，站在画架前面作画，才是自己人生的归宿。蒙克于是再次对父亲表达了他对艺术的热爱。年老的父亲终于无力再约束执拗的儿子。于是，在蒙克 1880 年 11 月 8 日的日记中，我们看到了这样的话：“现在我又从技术大学退出来了，实际上我已决意成为一名画家。”

# 第2章：青年艺术家的探索和尝试

## 第一节　初涉画坛

1882年秋，克里斯蒂安尼亚市中心的议会广场上，人们悠闲地在长椅上吹着海风，空气中混着海水的咸味儿，一位老太太手里拿着面包屑，让海鸥们啄食。偶尔，海鸥们会展开白色的羽翼，掠过天际，掠过蔚蓝色的海面，直到消失在海天相接的地方。在广场的一角，一个英俊的青年正拿着速写本专注地画着速写，他就是刚刚进入美术学院的青年蒙克。他十分珍惜学习机会，更加努力地练习。同时，他也没有忽略课外学习的机会。

这时，在广场附近的一间画室里，一个留着络腮胡子的中年艺术家正跟另外六个年轻人坐在一起讨论着什么。在他们面前摆着的，是蒙克刚刚完成的一幅自画像。画面中的蒙克，半边脸隐在黑暗中，眉头微蹙，眼睛微微斜视。这时候他的画风颇为传统，用笔也很谨慎，侧过去的脸和斜视的眼神可见他的犹疑和退缩意味。但从画中硬朗的脸部线条、利落的唇线和犀利的眼神中，我们已经可以看到这个体弱的年轻人内心的坚定信念。

“从这幅画来看，蒙克的基本功还是很扎实的，这一点我们应该承认。”一个年轻人说。

**自然主义绘画**

法国19世纪的风景画派。巴比松位于法国巴黎枫丹白露森林进口处，风景优美。19世纪30~40年代，一批不满七月王朝统治和学院派绘画的画家，陆续来此定居作画，形成画派。他们不仅以写实手法表现自然的外貌，并且致力于探索自然界的内在生命，力求在作品中表达出画家对自然的真诚感受，以真实的自然风景画创作否定了学院派虚假的历史风景画程式，揭开了19世纪法国声势浩大的现实主义美术运动的序幕。

《自画像》，1882 年

“那当然，他刻苦的态度我们都应该佩服。如果你有一半的工夫用在这上面，也会赶得上他。”另一个说。

“但是，我宁愿自己现在这样，也不愿意像蒙克一样，每天死气沉沉的，跟谁也不说话，一点都不像年轻人。”

“大概跟他的家庭有关吧。咱们晚上去酒馆喝酒的时候，他还在家里跟父亲做晚祷呢，哈哈！”

“不过，你们看这幅画的笔法，也不完全是老师那种传统式的。能看出来，他对色彩的兴趣大于对内容的兴趣。”

“小伙子们！”为首的中年艺术家打断了大家七嘴八舌的讨论，“蒙克的进步是有目共睹的，我并不反对他在我的自然主义基础上更进一步。色彩的美感应该是每个画家的追求，就算是一坨马粪，也要有它的色彩！希望大家好好努力，今年的秋季画展，我可期待着你们的表现呢！”

这个跟年轻艺术家们讨论的中年人叫克里斯蒂安尼亚·克罗格，他并不是蒙克在艺术学校的老师，而是他的“课外课堂”老师。在绘画艺术学校，蒙克是在雕刻家朱利亚·门德森教授的指导下学习的。这位老师非常注意严谨和准确的古典美学思想，在他的指导下，蒙克打下了坚实的基础。但是，他不满足于此。1882 年，他和六个年轻艺术家在议会广场合租了一间画室，请挪威著名的自然主义画家克罗格来对他们进行指导和管理。

克罗格是一个具有高度的社会责任感的艺术家，他的作品，有很多都表现了社会现实的场景，尤其是中下层民众的生活状况。在教学方面，克罗格大胆冲破传统的束缚，采取了课外教学的方式，吸引了包括蒙克在内的一批年轻人。他们互相砥砺、研讨，互相做模特，还到大街上找特征明显的男男女女做模特。在议会广场附近，有很多这样的画室，这里是挪威艺术家的一个聚集中心。挪威 1814 年脱离瑞典，获得政治独立，但是经济和文化还都比较落后，艺术家们在这种条件下不可能获得成功。所以，大批挪威艺术家背井离乡，到法国、德国、英国、意大利等地去深造。几十年过去了，新一代的艺术家成长起来，他们开始带着对民族的感情来思考挪威的文化——自由挪威王国，对自己丰富而独特的文化艺术作了充分的肯定。很多艺术家从国外回来，开办了非正规的美术学校，培养年轻一代；同时向挪威政府请求更多的资源来鼓励艺术的发展。克罗格也是从巴黎回到祖国的艺术家之一。在他们的努力下，挪威国民议会同意由国家资助举办每年一次的秋季画展。1882 年举办了第一届画展。当时画展的目的是鼓励年轻艺

《点火的女孩》，1883 年

术家，即使是没受过正规训练的艺术家，其画作也可以参加展览。

1883年，第二届全国秋季画展开幕了。克罗格以及很多老一辈的艺术家都参加了这次画展。秋季画展是当时挪威艺术界颇有分量的展览会。能在这个画展上展出自己的作品，意味着整个挪威都会看到你的作品，如果你的作品足够好，那么评论界会开始关注你，你很有可能被介绍给整个挪威艺术界。所以，参与这个展览会对于一个年轻艺术家而言，是个难得的机会。蒙克得到了参展的机会。想到自己的作品能和前辈们的一起展出，蒙克就觉得大受鼓舞。他左挑右选，决定拿《点火的女孩》参展，这幅画表现的是清晨一个女孩在灶台旁引火的情景。此画一出，反响平平，人们认为这幅画选材平庸，手法糟糕。在画展上，蒙克就听到有人说："那幅《点火的女孩》真是糟糕透了，简直是乱七八糟!"还有人站在画前，显得很愤怒："这么难看的作品怎么能拿来参展？现在的年轻人真是胡闹!"在此后的多年间，新闻界一直有相当一部分人不能承认这位激进的天才艺术家。不过总体来说，这次画展还是让蒙克得到了肯定和鼓舞。当时有评论认为，蒙克的作品虽然不符合传统的审美观念，但是有着自己的独到之处，而他现有的不足是可以克服的，假以时日，可成大器。和他一起跟随克罗格学画的年轻人们也纷纷称赞他的作品“有创造性”。

1884年，蒙克为妹妹英格画了一幅肖像，很成功地表现了英格的艺术气质。蒙克照例使用强烈的明暗对比来凸显人物，深色的背景和妹妹的衣服几乎融为一体，只有脸和手非常突出。写实可以算是蒙克这一时期作品的突出风格。蒙克为妹妹画的这幅肖像用笔严谨，技法成熟，有人认为这是蒙克早期造诣最高的作品之一。

这年秋天，第三届全国秋季展览会开展，蒙克展出的作品是《清晨》。画面上，一个女孩沐浴着晨光，坐在床边，被子还没叠。这是一个再普通不过的生活场景。而描画生活、关注社会正是自然主义画派的理念。我们再次看到，蒙克受老师克罗格的影响不小。同时，蒙克也在这幅画中展现了他对气氛和情绪的把握，他成功地让这幅画传达了一种略带愉悦而又清冷的感觉。

这幅画展出后，果然又被保守的批评家们大加抨击，他们几乎是全方位地否定了这幅画。他们连初期的蒙克都不能接受，那么我们就不难理解，后来蒙克走上表现主义的道路之后，他们会是怎样地惊恐和愤怒。挪威的文化毕

《穿黑衣的英格》，1884 年

《清晨》，1884 年

**表现主义绘画**

是指艺术中强调表现艺术家的主观感情和自我感受，而导致对客观形态的夸张、变形乃至怪诞处理的一种思潮，用以发泄内心的苦闷。表现主义否定现实世界的客观性，认为主观是唯一真实，反对艺术的目的性。它是20世纪初期绘画领域中特别流行于北欧诸国的艺术潮流，是社会文化危机和精神混乱的反映。

竟太不发达了，蒙克成名是在德国，此后他走过欧洲的很多地方，他的艺术价值被越来越多的人看到、承认。然而，直到他晚年，他的祖国挪威才真正承认并接受这位伟大的艺术家。当然这是后话。

## 第二节　波西米亚集团

在克里斯蒂安尼亚，有一群激进的年轻人经常聚集在一起，批判现存社会的种种不合理现象，他们中间有不少人

《汉斯·耶格》，1889 年

来自法国巴黎。这群年轻人不满于现存的社会制度，不满于中产阶级保守的政治态度，他们认为人们应当得到更好的生活。于是，在领导者汉斯·耶格的带领下，他们讨论达尔文和马克思，讨论艺术、自由，要求解放，反对基督以及一切神灵崇拜，崇尚无政府主义。他们幻想有一个符合他们理想的社会。蒙克曾经为汉斯画过一幅画像，画中汉斯穿着深绿色的长风衣，歪戴着帽子，以一种闲散的姿势坐在沙发上，显示出不羁的品性。同时，他贴在一起的两片嘴唇和椭圆眼镜后面炯炯有神的眸子都暗藏着一种力量。很显然，他是坐在一间冰冷的房子里的。这是一幅引人注目的关于一个暮年时期的人的心理肖像画，他的右脸似乎在发出一种冷酷的嘲笑，而左半边脸却渗出一种裸露的恐怖，那只看似无力实际上很有力量的手，还有那杯装满威士忌和苏打的酒，放在一张无桌布的桌子上，这些都有助于这幅杰出的心理肖像画的全部表现。

以汉斯为首的这群青年被称为“波西米亚人”。“波西米亚”在今天已经成为一种时装风格，在欧洲，它和“吉普赛”有相类似的意思，既指一个流浪的豪放民族，也指这个民族所具有的特色和风格。在19世纪末，它代表一种洒脱不羁、充满流浪气质和文艺气质的生活方式。自由，不羁，文艺，反抗，先锋，这都可以算作是“波西米亚风格”的一部分，这对年轻人来说无疑有着巨大的吸引力。

蒙克的老师克罗格和六个艺术家朋友都是“波西米亚人”中的一员，经他们介绍，蒙克来到了这个与传统的基督教家庭迥然不同的世界，跟汉斯·耶格成了好朋友。他用画笔记录了这一群生气勃勃、斗志昂扬的人，有些是像《汉斯·耶格》那样的肖像，有些则是群像。这些人凑在一起总是能引发热烈的讨论，但是蒙克在描画这些场景的时候却经常使用朦胧的笔法，显出一种冷眼旁观的态度。比如他在《面谈》中就突出了从烟斗里上升的烟雾，显出一种不确定的茫然。波西米亚人提倡的“艺术应该表达你自己”，给了蒙克以启示。他意识到，自己以前画的东西，都还只是停留在“像”的阶段，但是自己的感情却没有表达出来。他也应该像波西米亚人一样，大胆地把艺术和自己的心灵结合起来。但是，他们放荡的生活方式、他们对政治的虚无主义，蒙克是不感兴趣的。

纵观蒙克的一生，没有什么理论和派别能够留住他。母亲和姐姐的死给了他很大的刺激，似乎在他抛弃宗教信仰的那一刻起，他就开始对任何理论或者思维方式保持一种距离。他不像波西米亚圈子里的一般青年一样，沉迷于这些激进的激动人心的论争。也许《面谈》中散布的烟雾，就代表了他这样一种旁观的、存疑的态度。所以，他不能被归属于任何一个派别。终其一生，他在艺术的道路上只是不断地摸索、创作、理解，从没有停歇在某种论调下作画。

在艺术史上，他被称为“表现主义的先驱”。“先驱”两个字意味着他不是一个真正的表现主义画家，因为我们从他的作品中看到了印象派、自然主义等的影子。而且，他的画风也在不断的转变之中，比如在 1885 年和 1889 年的巴黎之行就是他画风的转折点。

## 第三节　巴黎之行和《病孩》的创作

1885 年，蒙克先是参加了安特卫普的世界画展，然后又来到巴黎，参加“沙龙画展”。这次造访巴黎，蒙克带着强烈的学习愿望，他希望能够在画展上看到优秀的作品，能够和艺术家们进行交流。

结果他大失所望，原来所谓的大型展览，并不是蒙克想象的那样，以开放认真的态度进行艺术交流。沙龙画展需要的只是在墙上挂的好看的作品，没有人关注作品的内容和思想，他们只是想获得视觉上的抚慰。他在日记里写道，他“除了厌恶一无所获”。

但是短暂的巴黎之行并不是真正毫无收获。在巴黎逗留期间，蒙克结识了一个商人。那人见他是个艺术家，就请他来参观自己的藏品：“你不买也没关系，来看一眼吧，保证不后悔。”被“大型展览”搞得心情郁闷的蒙克很怀疑他的说法。不过，再坏又能坏到哪里去呢？蒙克心想。于是他答应了这位商人，去见识一下他的“私家藏品”。

蒙克见到了印象派画家莫奈和雷诺阿的作品。在美术史上，莫奈和雷诺阿是被这样评价的：“他们相互交流，为印象派的发展做出了重要贡献。”其中，莫奈更是以反传统、反权威著称。真正伟大的艺术作品都带有一种气质，不论是隔了时间还是空间，只要你站在作品前，就能感受到。观摩优秀的作品，就像是和大师交流，能够达到事半功倍的效果。蒙克在巴黎与莫奈和雷诺阿的邂逅给了他不小的震动。他站在画前，默默地想：“这就是印象派的作品……啊，这才是真正的艺术！他们画的不是纯粹的现实，而是他们自己眼中的世界！”

回到挪威之后，蒙克开始了《病孩》的创作。《病孩》是蒙克早期极为重要的作品，不仅因为它极高的艺术成就，还因为它引发的批评和争论。蒙克曾说，《病孩》是“我的艺术的源泉，在此之后的大部分作品，都衍生自这幅画作”。所以，让我们用一定的篇幅来了解蒙克创作《病孩》的过程。

《病孩》（又名《生病的少女》）创作于 1885 年至 1886 年之间，第一次展出是在 1886 年的秋季画展，那时候它被蒙克命名为《习作》。这幅画对蒙克意义重大。在艺术上，它冲破了自然主义的范围，带着印象派的影响，开启了他今后表现主义的创作；在生活上，它标志着蒙克对母亲、姐姐以及他的童年最深切、最完整的回忆和评价。

蒙克从巴黎回来之后，创作依然艰难。他继承了父亲的勤奋，常常整日地待在咖啡馆里进行创作。绘画自古至今一直是个需要足够资金支持的行业，因为从画纸、画布到笔和颜料，都不便宜。所以梵高在潦倒的时候买不起画布，就把新画画在旧画上。蒙克的父亲本来就不怎么支持他做艺术家，现在看到儿子不被大众认可，受到了这么多批评，曾有一度拒绝继续为他提供经济上的支持。在这期间，蒙克不得不画一些符合当时社会口味的画作来卖钱，用这些钱来支撑自己的艺术探索之路。

这一天，他陪父亲到一个脚骨受伤的小男孩家里出诊。在患者家中，他遇到了小男孩的姐姐佩姿。佩姿对弟弟的关心和照顾让他不由自主地想起了姐姐索菲亚。于是，在征得佩姿母亲的同意后，蒙克以佩姿为模特画了好几幅画。

作画的时候，蒙克面对佩姿，总是无法抑制地想起姐姐，想起母亲，想起自己童年时候仅有的一点温暖。

蒙克举着画笔，陷入了回忆，从欢乐温馨的时光一直回忆到母亲和姐姐的离世。他的心感到一阵绞痛。他觉得，在这期间，最痛苦的时光莫过于死神将至未至的时候——母亲和姐姐都曾坐在床上，绝望地迎接死亡。5 岁的时候他送走了母亲，14 岁的时候他送走了姐姐，时隔近十年，悲剧重复上演，如出一辙，仿佛是命运的轮回。蒙克曾经说：“姐姐的死是我毕生无法忘怀的悲剧。”他模糊地记得，在很小的时候，他们围在母亲身边，听母亲用温柔的声音讲故事，父亲坐在一边，脸上是慈爱的微笑。蒙克默默地想：“我多么希望时光就此停驻，什么灾难都不曾发生，阳光温暖，家庭幸福，我们永远都是妈妈幸福的小孩

《病孩》，1885 年 ~1886 年

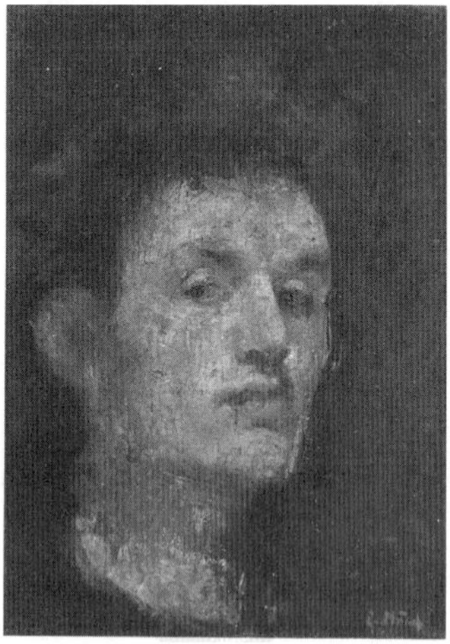

《自画像》，1886 年

子。”蒙克被自己的回忆和情绪搅得不得安宁，他觉得自己应该画一幅画来表达这沉重的情感。于是，他以佩姿为模特，第一次勾勒了《病孩》。

在画面上，他让一个红发少女坐在床上，绝望地望向画面的右边；少女的母亲握着少女的手，悲哀地低下头去。他希望通过人物的动势表达无法抑制的悲苦和绝望。

第一稿完成之后，蒙克觉得面前的画作所表达的情感还不够强烈。他邀请佩姿和他一起讨论自己的画作。佩姿不懂绘画，但是她还是感觉到这幅画的整体风格有点问题：“要不要……换一种画法呢?”“换一种画法?”蒙克反问，用眼神鼓励佩姿继续说下去。佩姿咬了咬嘴唇，说：“我的意思是，同一个景象，不同的人能够画出不同的感觉。所以，你是不是也可以尝试一下其他的画法，画出不一样的感觉呢?”不同的画法……不同的感觉……在佩姿并不专业的叙述中，蒙克发现了一些东西。他发现自己虽然已经自觉地使用印象派的创作方法，但受老师克罗格的影响还是太深。他意识到，自然主义的写实画风不能表达自己的强烈情感，他得尝试新的绘画风格，进一步突破自然主义的藩篱。

新的风格？他想到了在巴黎看过的莫奈和雷诺阿的作

品——也许我应该更加大胆地使用印象派的技巧？想到这里，蒙克觉得一条新的道路在自己面前展开。又画了几稿之后，他渐渐找到一点感觉。然而，这依然不够。蒙克曾经写道："印象主义没有给我的艺术以足够的表现方式——我不得不去寻找一种表达我内心情感的方式……我对印象主义的第一次突破是在《病孩》……"

是的，蒙克对于情绪永远都是这样敏感，他执着于对情感的表达，孜孜不倦，这也许能够解释为什么自然主义和印象派都没能让他停住脚步，以及为什么最终他走上了表现主义的道路。

在自然主义和印象派技巧都不能满足自己之后，蒙克尝试再向前迈一步。

"佩姿，你介意我把你的头发画得更红一点吗？"蒙克问道。佩姿善解人意地摇头："我既然不介意你把我画成一个重病的女孩，怎么会介意你染红我的头发呢？"

蒙克开始更加大胆地运用色彩，他在画面的各处加强了颜色的对比：他先是把女孩的头发画得更鲜红，脸色画得更苍白；接着，他又加深了女孩母亲衣服的颜色，使得衣服与背景融为一体——这方法他在给妹妹英格尔画画像时也曾用到过，那时候他以此来突出妹妹的面容，现在他进一步用其表达情感的沉重。同时，他的笔法也进一步放开，他在渲染背景的时候有很多横向用笔，交叉出很多的“十”字或“井”字，使得画面更加压抑。

这幅画蒙克前后一共画了二十稿，可以说是呕心沥血，其中的摸索和挣扎是旁观者难以体会的。就拿少女的手来说吧，蒙克让佩姿摆过很多种姿势，经常一画就是几个小时，前前后后加起来，估计有几十上百张草稿。他说：“为了表现她几乎透明的、惨白的肤色和战栗发颤的手，真是煞费苦心啊！”对一个主题他要反复研究，画很多草图进行斟酌，这种工作风格伴随了他一生。

作品最终完成后，蒙克对佩姿说：“《病孩》对痛苦表现之程度，没有一个自然主义的画家能够达到。”从这幅画的很多细节，我们已经可以看到一个大师的影子了。他已经完全摆脱了自然主义的框框，开辟出一条新的道路。前面已经说过，蒙克把这幅画命名为《病孩》，拿到秋季画展上展览。有了前两次展览的经验，我们应该能够料想保守的挪威是什么反应。是的，蒙克遭到了猛烈的抨击。看惯了自然主义的人们被这大胆的作品吓到了，有人说他是个骗子画家，有人说这幅画无聊透顶，有人说这幅画过分消极。总而言之，又是一次全方位、多角度的否定。也有人敏锐地发现了这幅画是对盛行的写实主义的一次大超越，但是这些零星的赞许完全被淹没在了嘈杂的批评之中。

我们得意识到，这是1886年，蒙克只是个二十出头的年轻人，他敏感又忧郁，只是单纯地追求艺术，虽然对此有所准备，但是面对着潮水一样的批评，蒙克还是受到了打击。他看着报纸上的评论，喃喃自语："我只是想要表达我内心的感觉，这是我能找到的最好的方法了。难道他们看不出我想表达的悲凉和绝望吗?"他在这时画的自画像，眼神孤傲，似乎在睥睨着那些顽固的人们。

克罗格很关注他的这个学生，他多少了解蒙克的家庭情况。在秋季画展上，他仔细地研究了《病孩》这幅作品，虽然这作品不符合自然主义的风格，但是它却成功地表达了蒙克的感情啊。于是，克罗格找到状态低迷的蒙克，对他说："小伙子，画得不错!"得到老师如此直接的赞许和肯定，蒙克激动不已，当场就把这幅画送给了老师。

蒙克的艺术之路从起步的时候就充满争议，非常艰难。然而蒙克并不灰心，因为正是这段时光、这些否定，让他能够冷静地审视自己，明白自己是真的热爱艺术，明白自己真的愿意为艺术奉献终生。想想看，如果自己第一幅作品就被大家接受，成为一个"年轻的天才画家"，那么怎么能够确定自己爱的是艺术还是掌声？从小就不幸福的生活给了蒙克敏感多愁的性格，也磨砺出他强大的意志力。他勇敢地一次又一次从批评中站起来，披荆斩棘，义无反顾地在艺术之路上前行。

## 第四节　第一次，认识了女人

随着年龄的增长，蒙克与家庭的关系越来越远离，他对艺术又正处在探索与尝试阶段，心中郁积了太多的思绪，无人倾诉，甚至连自己也无法用语言表达，他渴望一种心灵的沟通和身体的爱抚。波西米亚人聚在一起，大谈男女关系解放与自由，这对这个二十多岁的年轻人也形成了一种刺激。就在这段时间，蒙克迎来了人生第一场恋爱，这次恋爱奠定了他一生爱情悲剧的基础。

这是一个普通的傍晚，小酒馆里像往常一样陆续聚集了不少波西米亚集团的男男女女，一时灯影交错，人声鼎沸。就在这时，坐在角落里的蒙克注意到了一位年轻的姑娘，她身材高挑，脸色白皙，留着一头发红的金色长发，在长条桌子的一角支颐而坐，手里夹着一支烟。她的五官并不是标准美女的样貌，但神情中却别有一番荡人心魄的韵致。蒙克不禁多看了她几眼。但是蒙克还很害羞，只要一看到她的眼神扫到自己这边，就马上不敢看了。一整个晚上，蒙克都不知是怎么过来的，头脑里浮想联翩，甚至连她什么时候离开的都不知道。

很快，蒙克弄清了这个女郎的身份，结果令他大吃一惊。原来，她是一个已经结婚的少妇！她的丈夫是克里斯蒂安尼亚的医生，姓海伯格，比她大 9 岁，对女人的态度保持着传统观念，认为婚姻只是为了维持社会稳定。她的基督教名叫安德里亚·费德里科·埃米莉，一般称米莉，比蒙克还大两岁。她在波西米亚集团中很低调，不常露面，但关于她的传言还不少，甚至有人声称看到她跟很多情夫在自己的家里幽会。可是，尽管知道了她的身份，蒙克还是无法控制地爱上了她。他辗转反侧，难以入眠，他盼望着她的出现，在画纸上也不知不觉勾勒出许多她的影像。而当她出现时，他又只能装作漫不经心地向她这边瞟过。他已经深深陷入相思的泥潭。

酒桌的另一边，一位叫西格德的诗人在朗诵着自己的诗篇：

我爱你，爱你
接受我，吻我，抚摸我
然后紧紧地拥抱我
让我再也无法呼吸
今晚你的吻如此炽热
狂热支配着你
你的泪水慢慢滑落
在我手心燃烧
你以为我厌倦你了吗
哦不，像往常那样快乐微笑
今夜和我一起
让我的手臂紧紧缠绕你的腰……

这是爱的歌颂，爱的表达。蒙克又不由自主地望向米莉，她那似笑非笑的表情让人难以捉摸。

这天，蒙克来到克里斯蒂安尼亚郊外的庄园写生，一辆小巧的马车从他身旁经过，车上坐的竟然是他朝思暮想的米莉。米莉主动停下来跟他打招呼，原来她的家就在附近。这次邂逅的时机恰到好处，晴朗的天气和安静的环境给了蒙克一个从容的状态，他终于鼓起勇气，表示希望以米莉为模特画一幅画。米莉爽快地答应了。

就这样，爱情突如其来地降临了，蒙克是个内向害羞的小伙子，越是如此，他越是会把自己所有的热情都投入到这场恋爱中。他和米莉在波西米亚人的酒馆里放肆地出入，在郊外的山丘漫步，在夕阳西下的海边吹风。当金色的阳光笼罩着米莉的剪影时，蒙克觉得她恍如仙子。他忘情地拥抱亲吻着恋人，西格德的诗句在他头脑中由模糊到清晰，他从恋人的怀里找到了休憩的归宿。恋爱的人是糊涂的，是没有理智的，蒙克把自己对完美女性的所有想象都加诸米莉身上，把她作为自己的知音，向她讲着自己家庭的故事，讲着自己正在画哪些画、对艺术有哪些思考……可是这种一厢情愿的完美主义注定会是悲剧。

蒙克永远忘不了那一天。一个寒冷的冬日，街上飘着细密的雪花，他一个人在雪地里等了半个小时，等来的却是自己做梦也想不到的情景：他的恋人米莉，神采飞扬地挽着另一个男人的胳膊出现在街角，向这边一路走来，毫不停留地从他身边走过，连看都没看他一眼。当他们的身影消失在风雪中的时候，呆立在原地的蒙克还以为这只是幻觉，或者是自己认错了人。他再次在酒馆中碰到米莉的时候，大声地质问：“那个人是谁？难道你不应该给我一个解释？我在你眼里就是空气？”米莉却平静地说：“你太认真了。”

这一切来得那么突然，重重地击倒了对爱情充满美好幻想的蒙克。他发誓从此跟米莉断绝关系，他要表现得潇洒一些，把这段爱情看作游戏人生的玩笑。但是他做不到。他心里，一方面是狂热的嫉妒，一方面是强烈的思念，两种情感轮番向他袭来，折磨得他心力交瘁。他甚至悄悄地跟踪米莉，想了解她和情夫的行踪。有时，在街上看到一个人的背影很像她，他尾随很久后，却发现认错了人。米莉不满于他的跟踪，索性彻底跟他断了联系。

初尝爱情禁果的蒙克陷入了深深的痛苦和迷茫。他实在搞不懂，女人为什么可以这样多变？她们可以表现得像情窦初开的少女、像早晨的露珠一样清纯；也可以像妓女一样充满欲望，把男人玩弄于股掌之上；还可以像修女一样冷若冰霜，拒人于千里之外。而男人为什么还离不开女人？他们一边诅咒女人，一边虐待女人，却又一边被女人伤害。他形容枯槁，郁郁寡欢，仿佛生命都被米莉给抽走了。他在日记中写道：“我们甚至不认识彼此，但因为她带走了我的初吻，所以她带走了我生命的芬芳？是否因为她的欺骗，所以突然带走了我眼里的神采？”

从这时起，蒙克艺术人生的一条重要主题开始成型，那就是理解和表达男人的存在、女人的存在，展示他们的爱、他们的痛苦、他们的绝望，他们被造物主诅咒，几千年来结成的无尽的枷锁。在蒙克表现男女关系的作品中，绝少涉及爱情的甜蜜、浪漫，而往往是痛苦纠缠，无尽无休。而且，蒙克笔下的男女关系中，往往女人是强大的一方，男人是弱小的一方，他们的形象苍白、瘦削、深陷在阴影里，甚至面目模糊。

比如《分离》一画，女人长发飘飘，白裙曳地，昂着头，决然地走向远方。虽然画中没有她的五官，但是从姿态上可以想见她决绝的表情。与之形成对比的是前景中那个男子，他一身黑衣，弓着肩膀，斜倚在树上，似乎已经没有力气站立。他表情痛苦，一只手捂着胸口——心被攫走了，爱情却无法挽回。女人的头发一直延伸到男人头顶上方，象征着双方关系的纠结。

一幅更具象征性的表现男女关系的画是《吸血鬼》。画面中，一个男人埋头靠在女人怀里，似乎在寻求爱情的安慰。女人俯身吻着男人的脖颈，长长的红头发垂下来，覆盖着男人的头部和身体。这一幕，看似情侣在接吻，但又像是吸血鬼在吸食人的精血。女人那红红的头发也让人想到流淌的鲜血。这个红头发女人的形象无数次地出现在蒙克的作品里，她是蒙克作品里的男人杀手。

这两幅画都是蒙克著名的“生命”组画之一，尤其是《吸血鬼》，几乎每次展览都会吸引参观者的目光。蒙克的很多朋友也对这幅画赞赏有加，纷纷对画的命名提建议，给画写评论。

在与米莉分手后，蒙克过了一段浪荡的生活。风度翩翩的蒙克身边并不缺少女人，但他已经很难再为女人动心了。直到十年以后，他才真正有了一次成熟的爱情，却同样以悲剧结尾，这是后话。

**生命组画**

1890 年，蒙克开始着手创作他一生中最重要的系列作品“生命组画”。这套组画以“生命、爱情和死亡”为主题，采用象征和隐喻的手法，揭示了人类“世纪末”的忧虑与恐惧。

《分离》，1896 年

《吸血鬼》，1893 年

# 第3章：法国的蓝色催化

## 第一节　《春》，送他踏上巴黎求学之路

《病孩》的创作几乎耗费了这位青年艺术家所有的才华和精力，得到的却是铺天盖地的质疑声，这深深刺激了初入画坛的蒙克。他开始犹豫、徘徊。在1886到1889年之间，他又做了一些自然主义的尝试，如《补网者》、《阳光下的英格》等。同时，他还是不甘心，又不断尝试非常激进的画法。随着对自然主义的日渐突破，蒙克已经走上了孤独的艺术探索之路。他的多幅作品都引起过激烈的争论，人们有时甚至无法确定对这个年轻人的态度。在挪威，很多评论家都对蒙克抱有怀疑。

窗外春光正好，咖啡馆内一片喧闹，蒙克正坐在窗边习惯坐的位置画着速写。但是，很长时间过去了，面前增加的只有烟灰缸里的烟头，画纸上却还是那么寥寥几笔。今天，他已经在咖啡馆待了两个小时，却没有心思画画。眼看又一年春天到来了，自己却似乎找不到新的开始。一想到自己这两年参加秋季画展引起的争论和批评，他就觉得心绪不宁。“嘿。”一个熟悉的声音从头顶传来。蒙克抬头，是和自己一样经常混迹于咖啡馆的一个青年艺术家。蒙克勉强提起嘴角笑笑，算是打过招呼。朋友推给蒙克一杯啤酒：“今天一进门就看到你在这里发呆，愁眉苦脸的，遇上什么麻烦了？”他探头看了一眼蒙克的速写本，摊掌一笑道：“哦，这可真是够糟糕的。”蒙克抬手抓了抓棕色的卷发，闷闷地说：“我只是有点困惑。”朋友点点头，示意他继续说下去。蒙克喝了一口啤酒，理了理思路，说：“三年前那幅饱受争议的画展出后，我听到了人们的声音，都说我应该对自己的艺术加以调节以适应这个审美圈子。我承认自己退缩了，我也进行了调整，但是只要稍稍在这基础上灌输一点新的内容，就会被人们嗤之以鼻。”朋友说：“的确如此。你知道吗？我还听人说，对蒙克这位画家的画，最好是不声不响，悄悄从他眼前晃过！你瞧，这可太阴险了。”蒙克苦笑：“是啊，对画家来说，被忽略比被批判要严重得多了！为什么人们不能接受新鲜的艺术呢？为什么他们不能理解我想表达的感情呢？真想抓住他们，告诉他们我的艺术理念，告诉他们我是怎样一步一步走到现在的啊。”朋友想了想，说道：“我倒想到一件事情，不知你有没有这个胆量去挑战。我觉得你可以办一次个人画展。在挪威，艺术氛围远不如南方国家那些大城市，个人画展绝对是一件稀罕事。不管是成功还是失败，至少肯定会有人关注，这总比你被忽略要好多了吧！这画展要办起来不难，学生会那里有间房子可以用。”

蒙克要办画展的消息在他的老师朋友中引起了小小的轰动，毕竟，把自己的绘画之路展现在世人面前，这是需要很大勇气的，而且一个画坛新人要拿出足以办画展的数量的作品，也不是一般人能做到的。大部分年轻艺术家朋友都感到很兴奋，充满期待。很快，当时发行的《社会民主报》上刊登了这样一则启事：“从今天起，社会民主主义联合政府成员以及工会成员凭借 10 欧尔（挪威货币单位），可以参观蒙克在学生会一间画室中的展览，每天九点开展，周日全天开放。”

事实证明，蒙克的冒险是正确的，这次画展在一定程度上获得了成功。在这小小的画室中，蒙克展出了63幅油画和一大批素描，从他最初学画时画的风景画、肖像画，到他近期的新作，全面展示了自己的绘画之路。这下，那些嘲笑蒙克不会画画的人，看到了蒙克扎实的基本功，还有他不断探索的精神。也许，这正是蒙克的本意：他要向人们证明，写实主义并非他做不到的，别的画家画的充满传统技巧的画，他照样可以做到。最能代表他这层意思的是展览中画幅最大、最吸引人眼球的《春》。这幅画与《病孩》的主题相同，表现方法却完全形成对比，是靠传统自然主义的细腻刻画获得人们认可的。画面以阳台拐角

《春》，1889 年

为界分成左右两部分，左部分是室内一对母女，生病的女儿靠在白色的安乐枕上，脸扭向一边，目光低垂，仿佛在避开手中染着血迹的手帕，她那疲倦的神情似乎显示她刚刚从一场剧烈的咳嗽中喘息过来；女孩儿身边的母亲手里拿着毛线织物，关切又无奈地看着女儿。室内黯淡昏沉，充满死亡的气息；而阳台的一侧却春光正好，花盆中的植物沐浴在明亮的阳光里，半透明的窗帘随着春风微微鼓动。可是阳光和春风似乎都与这生病的女孩儿无关，她的生命已经再也迎不来春天了。这幅画可以说是蒙克自然主义风格的顶峰之作，画面中粗糙的木质家具、桌上的瓶子、阳台上的花朵和飘逸的窗帘，都极富质感，非常逼真。这幅画对表现派风格的《病孩》来说，是一次复归，表明了艺术家在发现自己的过程中遇到的困惑，和确立个人风格时内心激烈的斗争。我们应该为蒙克感到高兴，理解他暂时的妥协。对一个年轻艺术家来说，最可怕的莫过于被忽略，蒙克经过长时间的蛰伏后，太需要一些肯定的评价了。何况，这次画展还给他带来了一次人生的机遇，那就是获得国家奖学金到巴黎留学的机会。

当时，蒙克看到一家叫作《德格布莱特》的报纸发表署名文章，说“蒙克要寻找一个在现代绘画上有才能，而且对他的工作有很大兴趣的杰出的老师来帮助他”，并建议政府把国家两年一度的奖学金授予这位年轻人。当时挪威的国家奖学金是两年评选一次，每次的名额只有两个，金额分三年发放。蒙克也觉得挪威的美术学校已经不能满足自己了，自己应当到艺术更发达的地方去学习，于是他及时把握机会，提出了奖学金申请并成功达到了目标。在巴黎，他将吸取更丰富的营养，进行更深入的理论思考和绘画技法的探索。巴黎三年，将是他积蓄力量准备爆发的时期。

## 第二节　悲伤的圣克卢之夜

1889 年秋，踌躇满志的蒙克来到法国巴黎，开始了在莱昂·博纳特美术学校的学习。这所美术学校是以当时著名的美术教师博纳特的名字命名的。蒙克重新踏足巴黎的时候，怀着一种振奋的心情，希望自己能好好利用这三年时间，真正学到点东西。美术学校的莱昂·博纳特教授看过蒙克的作品，觉得这个从挪威来的小伙子很有意思，乐意教导他。但是，蒙克很快便发现，这里的学习生活太枯燥，老师的教学方法太保守。他在日记中写道：“早上我在画室里工作着——伸伸懒腰后，就用铅笔给站在画室中间的裸体模特儿测量比例——头和身子的比例是多少，胸围有多宽，腿有多长，这些工作使我疲倦而厌烦——有时甚至累得失去了知觉……”

有一次，蒙克在画里用绿色表现一面白墙，博纳特却觉得应该用红色。师生二人在用色问题上发生了分歧，博纳特表示绝对不能接受蒙克选择的色彩。蒙克对此感到莫名其妙：“每个人都有自己的想法和眼光，不同的人会选择不同的方式。你觉得用红色好，我觉得用绿色好，这真是再正常不过的事情。你为什么一定要用你的颜色否定我的颜色呢?”

一次两次还好，时间一长，博纳特极度传统甚至有些死板的教学方法就让蒙克觉得，跟随他学习实在是太无聊了。蒙克坚持认为，他应该画自己看到的而不是别人要他看到的东西。于是，跟随博纳特学画不再是一种交织了探索和创作的脑力劳动，而完全变成了一项令人厌烦的体力劳动。

受到打击的蒙克，在异国他乡觉得日子过得漫长而无趣。就在这时，一个晴天霹雳降落到他头上：父亲去世了！从姨妈的来信中他得知，父亲走得很突然，去世前的周末还到教堂做过礼拜。蒙克捏着家书，呆呆地陷入了回忆中。一个月前，父亲在港口送他，那一天的沉默和尴尬还历历在目。暴躁的父亲和内向的蒙克，多年来的交流少得可怜。父亲一直不支持他的“艺术家道路”，这使得父子俩的矛盾更加突出。而站在离别的码头时，蒙克看着父亲的白发和胡须在海风中凌乱地抖动，一阵烟草的气味从父亲身上传来，他情不自禁地望向父亲的眼睛。父亲的眼神有些温柔，有些留恋，也有些执拗。他也在回想自己和儿子这些年的较劲和争吵吗？他在为妻子去世后自己对家庭的失职而抱歉吗？他在为儿子逐渐成长起来的成熟和坚韧而欣慰吗？两个人对峙似的沉默着，似乎谁都不好意思说一两句体贴的话。汽笛声响起来，蒙克犹豫再三，几次开口又闭口，最终也只说了一句：“我走了，父亲。”如今，一转眼，父亲竟然已经不在了。那次告别就这么成了永别？那就是……最后一面了么？蒙克一时间无法接受这个现实。虽然父亲给蒙克的童年和少年留下了阴影，虽然他根本算不上一个好父亲，但是蒙克还是没法平静地接受他的逝世。蒙克在日记里写道："亲人们离我而去，母亲，姐姐，父亲……只剩我孤零零的一个人。"手中的钢笔在纸上洇出一个墨点，仿佛是一滴沉重的泪。

父亲的逝世让蒙克无法避免地回忆起所有曾经陪在自己身边，而现在已经离去的亲人。他仿佛看着他们一个一个消失在自己的生命里，那感觉就好像他们又一次离开了自己，剥离和撕裂的伤痛再一次袭击了他。身在异乡的蒙克抬头看着窗外，法国的月色迷蒙，夜色寂寥。已经是冬天了，虽然关了窗，还是有风顽固地从窗缝里吹进来，异常地寒冷。他打了个哆嗦，心头涌起一阵从未有过的孤独。

这时，蒙克已经不再去博纳特的画室了。他沿着塞纳河畔独自行走着，搞着自己的创作；同时，他也从巴黎的世界画展中，欣赏着激进派艺术、印象派艺术和其他综合艺术的精美作品。许多现代艺术的先驱在沙龙聚会上出没，像梵高、西涅克、修拉、劳特累克等。蒙克由此学习了一些印象主义画技。

这个冬天，霍乱在巴黎悄悄流行起来，环境颇不太平，四处人心惶惶。考虑到自己虚弱的身体，蒙克决定搬离巴黎，以期获得一个相对平和的创作环境。他于是来到巴黎

### 印象主义绘画

因莫奈的《日出·印象》而得名。印象主义绘画兴起于19世纪60年代，兴盛于七八十年代，反对因循守旧的古典主义和虚构臆造的浪漫主义。19世纪最后30年，印象主义绘画成为法国艺术的主流，并影响整个西方画坛。代表画家马奈、雷诺阿和莫奈等都把“光”和“色彩”作为绘画追求的主要目的。他们倡导走出画室，描绘自然景物，以迅速的手法把握瞬间的印象，使画面呈现出新鲜生动的感觉。

《圣克卢之夜》，1890年

郊区的圣克卢小镇，和丹麦诗人艾曼努尔·戈尔斯坦一起在一个咖啡馆楼上租了一间房子。在这独在异乡的第一个冬天，在一个个阴冷的冬夜，他靠到楼下咖啡馆喝酒或在房间发呆来打发时间。戈尔斯坦朗诵的诗句混着塞纳河水敲打着他的心房。父亲去世，蒙克作为长子，成为这个家的男主人。他收到了相当多的信件。看着那些账目和数字，他才真正对家庭经济状况的拮据有了感性的认识。他想象着以前父亲面对着这一切时的心情，便觉得父亲的暴躁脾气也是有理由的，这样一想，不由得觉得更加愧疚。以前，家庭收入几乎都是依靠父亲行医，如今父亲一去，经济之困难可想而知。卡琳姨妈本来希望能从亲戚那里得到一些资助，然而世态炎凉，古往今来莫不如此，几乎没人愿意帮助他们一家。于是蒙克有音乐天赋的妹妹英格开始教授钢琴课来挣钱，卡琳姨妈也经常做点旅游纪念品补贴家用。身在法国的蒙克，经济状况虽然不怎么样，还是常常往家里寄钱。这种情况一直持续了将近十年。

一天晚上，蒙克醉醺醺地回到房间。屋里一片黑暗，只有窗外射进的黯淡的月光。他的诗人朋友正坐在床边思索着什么，面部形成一个剪影，看不清五官。这个场景深深打动了蒙克，他仿佛觉得那里坐着的是自己。于是他以这个场景为灵感，请诗人做模特，创作了《圣克卢之夜》。在画中，一个戴着帽子的人在空洞黑暗的房间里独坐沉思，月光透过窗户洒在地板上，形成一个十字状的阴影，使人联想到死亡。画面以阴沉忧郁的蓝色调为主，使人沉浸在神秘的光色气氛中，仿佛是内在情绪的反应。这是对故乡和童年的思念？是对自己身世的伤怜？还是对父亲的追念？

## 第三节　创作的积累：游学期间的绘画

1890 年夏天，蒙克从巴黎返回克里斯蒂安尼亚，并在秋季画展中展出了一部分自己在巴黎期间的画作。在巴黎，他重新开始探索印象派的画法，完成了很多色彩亮丽的画。其中有用点彩画法画的《卡尔・约翰街的春天》。点彩法是印象派修拉和西涅克积极倡导的画法，他们不是用轮廓线条来勾画形象，而是在画布上紧密地并置无数的小色点，近看时是色点，远看时，这些合乎科学的光色规律的并置色点会在观者的视觉中混合，从而构成画面形象。卡尔·约翰大街是克里斯蒂安尼亚城最著名的大道，也是城市的活动中心，这里遍布德式建筑，繁华热闹，天气晴朗的下午会有军乐团演奏着音乐，中产阶级们聚在一起散心。蒙克的这幅画表现的就是一个明媚的春日里卡尔·约翰街的场景，人们三三两两地分布在近景，远处则是两侧拥挤的人群。在巴黎期间，他还画了许多塞纳河畔和港口的风景画以及巴黎的市井画。

1890 年秋天，他的奖学金得到补充，再次踏上法国的土地。但不久他就病倒了，只好住在哈维一家医院里。这时，从家乡传来消息，他留在克里斯蒂安尼亚参加展览的 10 幅画在火灾中被烧毁了 5 幅，其中有《清晨之后》、《法国小酒店》、《巴黎的水道》、《风景中的夫人》，还有一幅海岸画。对蒙克来说，这几幅画获赔保险金的喜悦远大于失去作品的悲伤，因为，一来当时家庭经济情况太窘迫了，急需要生活费用；二来这几幅画多是一些尝试画法的风景画，并没有呕心沥血的得意之作。这件事被他以愉快的笔调记录了下来。

冬天的严寒对于病魔缠身的蒙克来讲无疑是又一重折磨，于是，1891 年 1 月，他搬到尼斯继续疗养直到春天来临。尼斯位于法国南岸，濒临地中海，那里有全欧洲最具魅力的黄金海岸，空气清新，气候宜人，这对于自小被疾病、死亡和痛苦包围的蒙克来讲无异于一处天堂。在这里，他晒着太阳，从容地写下眼前的场景："大海静静地躺在那儿，湛蓝湛蓝的——比天空还要深，还要蓝，又像飘曳的绸缎那样轻盈活泼。长长的海浪缓缓向海岸滚动，发出一阵阵低沉的声音。"欣赏着绵长的海岸线，听着轻柔的海浪声，蒙克的心情在舒适的环境中变得轻松而平静，这让蒙克迷醉。他当然不满足于文字的表达，很快，他画出了《尼斯的夜晚》这样一幅弥漫着蓝色调的带给人安宁的画。这幅画笔法简洁严谨，按部就班地排列着线条和色彩，描绘的是从蒙克所在的四楼看到的城镇的屋顶，还有远处隐约的山峦和树木。"我有多久没有这样平静地画一幅画了？"蒙克心想。这幅作品是蒙克在这个春天里最宝贵的收获，被他送去参加了1891年克里斯蒂安尼亚秋季展览。国家画廊当即收购了这幅画，这使蒙克一时间名声大噪。

这年夏天，他一回到克里斯蒂安尼亚，就被一个叫杰庇·尼尔森的朋友拉到海边，劈头说道："我受不了了，我要明确和奥达的关系！"蒙克发现，半年不见，朋友憔悴了许多，满面愁云，而且还有吸毒的迹象。"又是这个

《卡尔·约翰街的春天》，1891 年

《忧郁》，1891 年

《蒙特卡罗赌场》，1892 年

奥达·拉森。”蒙克默默地想。这真是一个神奇的女人。她是一个年轻的画家，丈夫是一个木材和冰块商人。她加入了克里斯蒂安尼亚的波西米亚人集团，先是跟汉斯·耶格搞婚外恋，后又跟蒙克的绘画导师克罗格交往，终于离婚，与克罗格结婚。婚后的她依然不安分，在克罗格的默许下对杰庇·尼尔森大献殷勤，那时杰庇·尼尔森只有18岁，很快坠入了温柔乡。但杰庇·尼尔森越来越无法忍受跟别的男人分享奥达，希望奥达与他明确关系。蒙克看着他紧缩的眉头、黯然神伤的表情，似乎看到了曾经为爱所困的自己。他对杰庇的心情感同身受，在素描本上以杰庇为模特勾画出了一幅画的雏形。画中是一片海滩和曲折的海岸线，前景中一个男子一手托腮，这就是后来的《忧郁》一画（又名《杰庇在海边》、《傍晚》或《黄色的船》）。

在巴黎期间，蒙克并没有停留于对印象派的学习，而是很快被梵高、劳特累克等后印象派现代艺术所吸引。巴黎的现代戏剧和象征主义诗歌也是蒙克汲取营养的来源。当时法国正兴起以波德莱尔为代表的象征主义和唯美主义文艺思潮。蒙克受到这种思潮的冲击，其风格开始由自然主义和印象主义转向象征主义和表现主义。《忧郁》这幅画被认为是挪威艺术家所画的第一幅象征主义作品。在这幅画中，蒙克在寻找一种揭露内在现实本质的方式。他剥离没有必要的细节和效果，把所有绘画手段都运用起来，铅笔、蜡笔、油画颜料及木炭一起用，保留铅笔和蜡笔勾勒的痕迹，呈现一种自发感，而波浪形的海岸线则呈现出一种音乐的韵律。这一年，曾经跟他一起在圣克卢居住的丹麦象征主义诗人艾曼努尔·戈尔斯坦找到蒙克："看在我给你做过模特的份上，你能否给我的诗集作插图作为回报呢?"蒙克翻看着他的诗稿，他的诗中充满了破碎的意向，诗中的忧郁、痛苦、愤怒甚至疯狂都是蒙克再熟悉不过的。蒙克想起杰庇的形象，便正好以《忧郁》为基础为诗集作了一系列插图。

1891 年秋天，蒙克第三次获得了奖学金，重新回到了尼斯。尼斯是蒙克的福地，他的头脑和画笔在这里都非常活跃。从 1891 年秋到 1892 年春，他画了大量的素描稿，这些素材都为他后来到柏林以后创作的井喷时期做了准备。他那幅最具代表性的画作《呐喊》，也是以尼斯的经历为基础的，其前期准备性的画作就是在尼斯完成的《绝望》一画。

这一时期蒙克的另一个重要主题创作是一些以赌场中的场景为题材的画作。一次偶然的机会，他走进了蒙特卡罗赌场（这里虽然在版图上属于摩纳哥，但却是法国人赌博的天堂，尼斯距这里非常近）。在弥漫的烟气中，无数赌博者或狂热或冷漠或痴迷的表情，瞬间抓住了蒙克的视线。充斥在空间中的情绪在模糊了的轮廓中有着更大的感染力，一个赌徒从快乐的天堂到绝望的地狱的表现就可以构成一个绝佳的画面。这是一个魔鬼被魔法所迷惑的地方，是研究人的情绪变化的理想的地方。

在 1890 年到 1892 年的三年中，蒙克的创作出现了一个小高潮，而且题材、画法丰富多变，体现了一个艺术家在探索中成长的轨迹。他曾说，自己创作的黄金阶段是在柏林时期，但所有的准备却是在克里斯蒂安尼亚和法国完成的，不但是绘画题材的准备，还有理论的准备。

## 第四节　理论的升华：蒙克的笔记和文学创作

波西米亚时期到巴黎时期，是蒙克迅速成长为一个成熟的艺术家的时期。与这段时期伴随的，是大量的画作。

但正如蒙克所说，这一切都是从手稿开始的。蒙克是一个非常内省的人，他一生中做了大量的笔记，用笔记录自己的人生经历、绘画题材的灵感以及对绘画理论的思考。他生活在一个天才辈出、思想空前活跃的时代，这个时代产生了小说家托尔斯泰和陀司妥耶夫斯基、狄更斯、左拉，诗人马拉梅、波德莱尔、兰波，哲学家尼采，戏剧家易卜生……文学、思想和艺术之间互相影响，共同形成了一股活跃的洪流。而蒙克处在这种洪流之中，自然受到影响；加之他在平时就与很多诗人、剧作家交往密切，所以，我们看到蒙克的笔记，是那么富于文学性、思辨性，具有拨动人心弦的力量。

早在波西米亚时期，蒙克就已经开始在活页纸上零散地记录自己的生活，后来这些纸片慢慢被蒙克整理成了一本日记。在这本日记中，他记录了自己悲惨的少年时代、自己与米莉的初恋，还有在克里斯蒂安尼亚一家咖啡店里与那些生性放荡不羁的“波西米亚人”的团体成员一起时的情景，这些都是后世研究蒙克传记的重要参考。值得一提的是，蒙克在日记中喜欢用第三人称来讲述自己的经历，有时会为自己取各种名字。比如在童年的记忆这一部分中，蒙克用“列曼”代替自己的名字，并把他的姐姐称作索菲亚·柏泰；在日记的后面几部分蒙克又用上了假名南森。这在某种程度上说体现了蒙克把自己作为客观观察对象的倾向，但也蕴藏着精神分裂的危险。

蒙克是一个热衷于研究光线的画家，他强调画眼睛的真实体验，对体验态度和观察反映事物的标准有着极端的主观性。他曾写道："问题在于每个人都用不同的眼光来看待不同的事情，一个人在早上和在晚上的看法不相同，一个人的看法与他的情绪有关。"他打了几个比方，比如说，一个人早上从黑暗的卧室里走进客厅，会看到一切都是那么明亮，甚至连黑暗的地方也很明亮；过了一会儿，他就会适应光线，那些比较暗的部分就会变得更加深暗。再比如说，一个人喝多了酒，会用不同的眼光看待事物——画面在他眼里常常是模糊不清的，而且显得十分混乱，人影是双层的，物品是扭曲的……那么，如果表现人物早上从卧室走进客厅的情景，或人物在酒馆喝多了酒的情景，就不能仅仅是画旁观者看到的一切，只有画出他所看到的真实面目，这幅画才有灵魂。"我们都知道，这种时候所观察到的事物常常是错误的……假如一个人看到的东西是双层的，他就会按他所观察到的这样去画，比如他观察到了两个鼻子，就会画上两个；比如他观察到一个扭曲变形的玻璃杯，它就会照样把它画成扭曲变形的——一张椅子也许会像一个人一样有趣，但是椅子是要由人来观察的。当它引起了作者的兴趣时，同时也就引起了旁人的兴趣，因此，此时的画作并不只是椅子本身被画出来，而是作者在观察完椅子后，产生的感情的表达。”正是基于这种理论，我们才能从蒙克所画的画面中，体验到画家画这幅画时的情感。

在圣克卢，他继续着笔记的创作。在这时，他更加注重挖掘人物内心的情感。他要画的不是赏心悦目的装饰品，而是能唤起人们情感的东西。他不允许自己去愉悦观众的视觉，他说：“我们的追求高于只拍摄自然景观的摄影师。我们不想绘制漂亮的图画挂在墙上装饰房间。我们要创造，至少也要奠基一种有益于人类的艺术。这种艺术引人入胜，它发自内心深处。”他的最著名的宣言之一也是在这时候发表的：“我们不应该再画坐在客厅看报纸的男人和编织毛衣的女人了，而应描绘那些能够生活、呼吸、感觉、受苦和爱恋的人！”这一观点确立了他一生的信念，这一信念他终其一生都没有放弃。但这也导致了他的一生备受指责。

从 1890 年至 1892 年在巴黎求学期间，蒙克敏锐地注意到了当时贯穿知识界的从现实主义、自然主义到象征主义的矛盾，他发现象征主义的原理对自己所追求的表现人的情感的目标非常有启发性。他写道："有了象征主义，跟那个压制了人们一百多年的东西打交道便成为可能了，人类总是力图探索某种看不见的、摸不着的神秘东西。而且象征主义可以表达许许多多的预感、思想、体验以及一些无法解释的事情。"

蒙克一生最能代表他个人艺术特点的《生命》组画，其主要作品的准备工作是与笔记中对艺术原理的探索相伴随的。这些艺术原理都是通向"未来艺术中的最高境地"的基础。在1891年2月2日写于尼斯的笔记中，蒙克怀着强烈的思想感情，写下了这样的文字："这是一条通向未来绘画的道路——通向未来艺术最高境地的道路，画家在这些作品中，把自己的一切都奉献出来了，他的灵魂、他的悲伤、他的欢乐、他的心血。"是的，唯有把自己的生命投入到艺术当中，才能画出《生命》，这是人物心灵的肖像。

蒙克还有一个习惯，就是用文字和自己的画作相配。

有时，蒙克是先有了文字记录的一段经历或一种想法，再在旁边随手配上草图，而不久以后我们可能就发现他画的某幅画就是以这幅草图为基础的，像前面提到的《忧郁》一画就是如此。还有《卡尔·约翰街的夜晚》一画，最早的文字笔记是在 1889 年：“所有经过的人都露出一副古怪的面孔，我感到这些人个个都在望着我，目不转睛地凝视着我。所有的面孔在夜光下都显得那么苍白。我试图想出个办法，但却不能够。我全身都颤抖了，汗水如雨水般倾泻下来。”后来诉诸图画是 1892 年，蒙克本人以一个孤单人影的形式隐约地出现在画幅的右面，他意外地遇到了川流不息的人流，人群中所有人都摆出一副严峻而又古怪的面孔，彼此似乎毫无联系，人与人之间关系冷漠，更不会有人来关心他的苦闷。

还有时候，蒙克用文字来描述已经画成的画作，文字与画面相得益彰，而那些文字也如画作一般优美、富有哲理性。《梦幻》是蒙克在 1892 年完成的一幅极端的象征主义作品，这幅画很快就在柏林文艺圈内博得了赞美。它展现的是一个浮出水面的男子的头，在他的后面一只天鹅缓缓地游过。这幅作品的主题与蒙克所写的有关艺术家的责任的文字是联系在一起的：“我躺在泥地里，黏糊糊的软土，还有小小的爬虫使我透不过气来，我渴望能爬到泥土上。我把头伸出水面，然后我发现了一只天鹅，它浑身洁白而发亮，我渴望它那明朗清晰的线条。我伸出手来想去摸它，但总没有游到它身边。然后我看到了自己在水中的倒影，我的脸是多么的灰黄，我这才意识到世界为什么这样恐怖。那明亮的水面上反映出了天空纯净的颜色，使我懂得明亮的水面底下能够发现什么。我不能与那些生活在幻觉中的人一起。”他在 1908 年在哥本哈根疗养期间，还完成了诗画配《阿尔法和奥米迦》，为一幅画配上了一千多字的散文诗。

## 第五节　无奈的“分离派”

就在蒙克经历着艺术生涯中重要阶段的时候，挪威国内却对他发出了一片质疑的声音。一些人认为，蒙克申请奖学金根本不是为了到巴黎这个艺术之都去学习，他只是到法国一个海滨城镇度假而已。在前两年，就已经有人对他拿奖学金有非议。蒙克不以为然。但是有一天，一个朋友好心地劝说：“你总是在尼斯待着也不是办法，总应该想办法堵住国内的悠悠之口啊。”说着，朋友摊开一份名为《格布莱特》的报纸，一篇文章的标题赫然映入眼帘——“艺术奖学金的滥用”。朋友接着说：“写这篇文章的边尔生是个很有鼓动性的作家和大众演说家，最喜欢到处攻击人。”文中写道：“他不过是把奖学金当作一种健康保险，拿着这些钱选一个风景好、气候佳的地方养病，他根本不知道给他这些钱的意义何在！”蒙克看着这些文字，不禁怒火中烧。他决定不再沉默，于是撰文予以了回击。他表达的意思是：“一个艺术家必须做出对自己有利的决定，他有权决定什么地方是发展自己和提高艺术修养的最适合的地方。希望各位明智的、有情操的人不要被谣言所迷惑。”

但是，这种回击是那么无力，如一块小小的石头投进大海，没有引起半点波澜。他感到需要对自己在求学期间的付出和成绩做一次公开的证明。可是在这几年求学过程中，他带回挪威参加秋季画展的作品中被认可的只有一少部分，他的艺术风格已经远远偏离了国内传统的艺术道路，他已经很难再向官方秋季展览提供展品了。朋友说：“你在巴黎学习了那么多印象派的艺术，那么你了解印象派最初是怎么发展起来的吗?”蒙克摇摇头。“当年学院派沙龙在1863年的展览会上使莫奈的《草地上的午餐》落选,又在1866年使马奈的《吹短笛的男孩》落选,于是一批年轻画家成立了一个落选者沙龙,跟官方沙龙同时开放,就是在这样的情况下展出了莫奈的印象派代表作《日出·印象》。”这让蒙克怦然心动:在现在的挪威,我已经是仅凭个人的努力在这条艺术道路上奋斗了,要想完整地展现和表达自己,最好的办法就是举办一次个人画展。对,就定在十月份,跟秋季画展同时举行。

1892年,在卡尔·约翰街的托斯特普大楼一楼,蒙克个人画展开幕了,这个行动几乎是彻底断绝了自己跟挪威官方艺术机构交往的可能。在这次画展中,蒙克展出了自己在旅法三年期间的50幅画作和一些习作,其中包括《孤独的人》、《轮盘赌场上》、《神秘的夜晚》、《绝望》、《梦幻》、《卡尔·约翰街的春天》、《卡尔·约翰街的夜晚》等作品。我们还记得1889年蒙克那次回归自然主义并借以获得奖学金的个人画展,而这一次,展出的大量现代主义风格的作品,与上次形成了鲜明的对比和巨大的视觉冲击。两幅关于卡尔·约翰街的作品,简直是绝妙的对比,前者是一片春光明媚,生动地展示了这条繁华街道的活力;而后者呢，天哪，人们从来没有见过有人这样来描绘这条街道。画的背景是国会议堂，灯火通明的窗户像是以不详的眼神监视着前景的人们。前景是一个男人和一个女人，他们表现出同样僵硬麻木的表情，像面具，像骷髅。尽管大街上人来人往，摩肩接踵，但人与人之间却那么陌生，仿佛都在不安地禁锢着自己。画面右侧还有一个踽踽独行的陌生男子，远离人群，向反方向走着，那似乎是蒙克自己的写照。这幅画标志着蒙克艺术风格上的根本转变，是欧洲绘画中第一幅揭示现代社会繁荣表面之下的个人孤独和绝望的作品。这样的对比，也是蒙克根据自己的情绪来进行绘画的生动例子。

蒙克举行画展的消息，令丹麦“分离派”组织的领导人物威鲁逊兴奋不已，他马上想方设法把自己的作品调来挪威，参加比蒙克画展稍后几天举办的个人画展，他把蒙克称为是“挪威的分离派”。威鲁逊本想借此来助长分离派的声势，但他的画缺乏独立性的创造，只擅长于追随高更照葫芦画瓢，结果他的画展反而只突出了蒙克的艺术成果。蒙克的画展还引起了当时法国的新浪漫主义画派的注目，一位评论家称赞蒙克的艺术打破了欧洲自文艺复兴以来的绘画传统，而且还进一步分析说，以前的艺术作品就像是花、叶一样是自然界的一部分，而蒙克的艺术则是一种像诗一样的直接表现，他把自己的内心世界融进了作品。

自从这次被称为“分离派”的画展以后，蒙克就完全断绝了与挪威官方艺术机构的关系，之后的秋季画展和挪威组织的历次国际性画展，蒙克都没有被邀请参加。与挪威官方艺术机构之间的分离关系持续了十几年，直到20世纪，蒙克的名声地位已经获得了整个欧洲的承认，他才收到了来自祖国的橄榄枝。在这次画展后不久，蒙克就离开祖国辗转踏上了欧洲之旅，虽然其间也曾短暂回国，但直到1909年才真正意义上地重新在挪威定居。

所谓“分离派”，指的是19世纪末一些具有创新意识的艺术家，他们脱离原来的保守的协会组织，举办自己的展览和其他艺术交流活动。这些展览和活动在丹麦、德国、奥地利等国家陆续掀起。

《卡尔·约翰街的夜晚》，1892 年

# 第4章：艺术的爆发

## 第一节　留驻柏林

蒙克的1892年“分离派”画展虽使他彻底与挪威的官方展览决裂，但也使他正式进入了国际其他艺术家们的视野。画展结束后没多久，一纸邀请函不期而至，竟然是德国柏林美术家协会展览委员会邀请他带他的作品来柏林展览！这个刚实现统一不久的日耳曼民族国家在最近几年发展迅速，大批外国移民涌入，工业上大有赶超英国、法国之势，文化上也成为新的中心。蒙克向南眺望着茫茫大海，德国国土与他隔着波罗的海遥遥相望。这片土地，是否孕育着新的机遇呢？他迅速地把五十多幅作品贴好标签、装箱，登上了驶往德国的客船。

迎接他的是一个精力旺盛的年轻人，蒙克一见到他就脱口而出："哦，您不是上个月在克里斯蒂安尼亚看我画展的那位先生吗？""哈哈，没错。我叫阿德尔斯丁·诺曼，挪威人，是柏林美术家协会展览委员会委员，上个月刚好回国，就赶上了这样一场难得的展览，不胜荣幸！"蒙克恍然大悟，当时蒙克在展厅一角看到一个与众不同的年轻人，对每幅画都看得格外仔细，还不时作着笔记，原来他就是诺曼。蒙克说："这么说，是您给我发的邀请函？""确切地说，是我向委员会提议，提议通过以后，以美术家协会的名义向您发出的邀请。"

诺曼带着蒙克参观了柏林美术家协会的一系列展览室，最后带蒙克来到一间华丽的圆形大厅："这个大厅将用来展览您的作品。展览期间，人会非常多，每天不到十点就有大量的观众等候，门一开，人就涌进来啦。在这里，您绝对不会受到克里斯蒂安尼亚画展那样的冷遇，那个小城市，关注艺术的人还是太少啦。"蒙克正要表示感谢，诺曼却话锋一转："不过，展览开幕的时候，您最好还是回避一下。您的作品说不定会引起一场骚乱。那些老画家们太顽固了。”“哦，这我已经习惯了。”“不过您放心，这里大部分年轻艺术家，像迈克斯·利伯曼和瓦特·雷斯提科等，肯定是支持您的。实际上，在我们协会内部，我早就看出矛盾的倾向了，我们这些希望摆脱僵化保守的艺术的年轻人，早晚会跟协会的老顽固决裂。只要我们支持的，他们总是反对。”蒙克豁达地说：“这么说，我刚一来就要被推上风口浪尖啦？”蒙克来到这个新环境中，感到非常有趣，也很好奇，在这个大城市，人们会怎样看待他的艺术？

1892年11月5日，展览如期开幕了。正如诺曼所说，这些画在柏林引起了巨大的骚动，但其规模之大、讨论之激烈，却超出了他的控制范围。美术家协会中的传统艺术家和所有遵循传统艺术思路的人对蒙克的画作展开猛烈的攻击，他们认为蒙克的画作是无政府主义刺激的产物，是对艺术的亵渎，这样糟糕的作品在美术家协会展出简直是一场闹剧。人们一涌入大厅，就被人流吸引到了蒙克的画前，立刻露出惊讶的表情，已经看完画的人在一边议论纷纷，甚至出了展厅还要在街头讨论：“整个展览是一种嘲讽。每一幅画！”“那人肯定是疯了。”而且，这里聚集了大批柏林的媒体工作者，于是《艺术年报》、《国家时报》

派出的代表们纷纷发表文章，说蒙克的画“野蛮、生硬、粗俗”、“这个误入歧途的人将自己的肉体和灵魂出卖给了法国印象主义”。

实际上，德国美术界对蒙克的反对，一方面是出于艺术手法上的传统守旧，对新生的绘画手段持怀疑和批判态度；另一方面是由于从蒙克作品中可以看出他是受法国印象主义流派影响的，这样的作品在德国美术家协会展览，被视为德国艺术受法国艺术影响的典型，于是这个展览也成了德国爱国主义画家向法国艺术开炮的战场。

很快，一位艺术学院的教授联合美术家协会的成员发起联名上诉，要求立即撤下蒙克的“无政府主义的污点”，声称“那些垃圾不属于这里”。美术家协会只好召开紧急会议，商议对蒙克的展览的处理办法。大部分艺术家认为这样的作品不应当在这里展出，应当立即撤掉，但是以迈克斯·利伯曼和瓦特·雷斯提科为首的一批年轻艺术家却对此提出强烈反对。有趣的是，他们提出的论点不是蒙克的艺术有多么优秀，而是由艺术家协会邀请过来的客人不应当受到这样的待遇，应该尊重被邀请艺术家的创作自由。当时有相当一部分年轻的艺术家是欣赏蒙克的艺术的，但只有雷斯提科站出来为蒙克辩护，他认为既然蒙克是被正式邀请来参加展出，那么取消他的展出就是无礼的行为。

正如诺曼在画展开始前跟蒙克交代的，在当时的艺术家协会中，利伯曼和雷斯提科代表的是一批具有进取精神的年轻艺术家，他们与传统艺术家的矛盾已经渐渐显露，摆在他们面前的有两种选择，要么受制于协会，要么打破传统，组织自己的“分离派”。蒙克的到来成了他们与协会冲突的导火索，而且人们起初并没有意识到这次冲突的爆发是这样的猛烈。德国媒体以“画协发生激烈争议”为题报道了此事。最终，会议还是以120票对104票决定，

**柏林画展的政治背景**

普鲁士在1870年爆发的普法战争中击败法国，1871年建立统一的德意志帝国。在接下来的20年中，德国一方面在工业革命的道路上突飞猛进，另一方面也在寻求在文化方面建立独立的德意志民族文化。在当时的柏林，“印象派”仍是一个贬义词，皇帝本人更是坚决地反对“非德国派艺术”，将传统之外的艺术风格斥为“糟粕艺术”。威廉二世本人希望以柏林为基地，创造德意志艺术的黄金时代，以求表现自己伟大而纯洁的理想，所有代表法国权势的东西都不被欢迎。

第二天就取消蒙克的展览。从这接近 1∶1 的票数比例，也可以想见当时的矛盾是多么突出。

11 月 11 日，历时一周的画展被强行关停。而由利伯曼和雷斯提科带领的年轻艺术家们也就此怀着对保守的学院派的不满，以及对政府所采取的狭隘专断的民族文化政策的强烈抗议，纷纷退出官方正式的艺术家组织。他们以新的艺术目标与学院派和官方艺术相抗衡，其创作活动一直延续到 1914 年，成为当时德国影响最大的分离派组织，也推动了其他地区分离派组织的形成。

美术协会关于这次展览的争论和由此发生的分裂成了柏林文化界的流行话题，蒙克成了整个柏林谈论的中心。身为整个风暴中心的他异常激动而活跃。他在咖啡馆、街头，听人们拿着报纸谈论着："嘿，美术协会最近发生的丑闻，你知道吗？""当然知道啦。听说是因为一个来自斯堪的纳维亚半岛的无政府主义画家，好像叫爱德华·蒙克的。""可惜画展被关闭了，要不然我还真想去看看笑话呢！"蒙克在被人关注的环境中感到了快慰，他在给姨妈的信中写道："从来没有如此有趣的一段时光——像画这样清白的东西也会产生如此巨大的作用，真令人难以置信啊。"

蒙克并没有因为画展的关闭而受到冷落，他已经在柏林制造了巨大的话题；而且，确实有人与他的画产生了共鸣，比如一些文学界的人士。《柏林日报》的编辑西奥多·沃尔夫说："我本来也要去圆形大厅看笑话。可是，上帝啊，我没有发笑。我看到很多古怪甚至恶心的东西，但我也发现了微妙的、敏感的艺术创作。沐浴在月光下的黑暗房间、孤独的道路、谜一样的挪威夏夜……我仿佛听见了忧郁的人们的呼吸，他们在烦恼中挣扎，他们一声不吭，独自坐在海边。"后来，蒙克在柏林结交的不少文学界的朋友也撰写了评论蒙克艺术的文章，进一步扩大了蒙克的知名度。

另外一批对蒙克感兴趣的人，则是柏林的画商。就在画展被关闭的时候，一个名叫爱德华·舒尔特的画商找到了蒙克："蒙克先生，也许我可以帮您把画展继续办下去。""您这个决定未免有些冒险吧，现在我可是被抵制的人物。""不，抵制您的是官方美术家协会，对我们办商业展览的人来说，您身上却充满了商机。世上有很多附庸风雅的人，像苍蝇嗜血一样地追求新鲜的事物。还有那些对官方展览不屑一顾的真正懂艺术的人，也会到商业展览中去寻宝。把您的画放手交给我，保证不让您吃亏！"于是，蒙克跟这位画商签订了合同。这个决定是符合当时前卫艺术家生存之道的。

19 世纪中期以来，欧洲学院和沙龙体系陷入风雨飘摇的危机之中，数量众多的艺术群体要求参展，官方年度沙龙展作品数以千计，而因为只有沙龙认可，才有销售的市场，这就导致了官方沙龙的腐化庸俗。而现代派绘画在官方沙龙展览中几乎没什么空间，他们只能依托新艺术风险投资人、经纪人、商业画廊和独立的艺术家协会。画商们让新艺术家们又爱又恨：一方面，他们能够利用噱头和炒作，为艺术家提高知名度，赢得生存空间；另一方面，他们又唯利是图，并不是真正理解和支持艺术。蒙克在画商帮助下，采用迂回之计，先把作品在杜塞尔多夫和科隆展出。由于之前柏林媒体的报道，他在这两地的画展吸引了大批观众。到了 1892 年底，他们又将展览移回了柏林，蒙克在柏林市中心租了一间时髦的房子，将画作随意地挂在墙上，重新展出这些作品。毫无疑问，蒙克又一次成为议论的中心。这期间，仅靠画展的门票收入，蒙克每个月就能得到 1 800 马克，相当于一个中下等家庭一年的收入。后来，蒙克又借着柏林画展的热度，相继在其他城市举办了画展。

蒙克用画展收入在柏林租了一间画室。他存储了20年的回忆和想象即将爆发，只需要最后一点催化剂。在接下来的两年中，那些早已在头脑中成型的构思接连不断地涌现在画纸上。柏林，成了蒙克艺术灵感爆发的福地。

从1892年来到柏林，到1909年回到祖国定居，这期间蒙克辗转于欧洲各地，但在德国的时间还是最多。1892年底至1895年三年多的时间，蒙克几乎一直在柏林进行创作，因为这里为他潜心于创作提供了稳定的物质生活条件。

接下来的十几年中，蒙克到各地旅游、访问、办画展。德国的地理位置也提供了便利的条件。德国位于欧洲中部，东邻波兰、捷克，南接奥地利、瑞士，西接荷兰、比利时、卢森堡、法国，北接丹麦，濒临北海和波罗的海。最重要的，还是德国的环境，这个国家的民族性格实事求是、客观严谨，他们对有才华的人充满包容和崇拜，特别是19世纪末20世纪初，这个国家吸引了欧洲各地的人才来寻找机遇，蒙克是其中的幸运儿。

## 第二节　黑猪酒吧

在柏林新威廉姆大街和菩提树大街交汇的角落，有一家提供九百多种烈酒的酒吧，名叫“黑猪酒吧”，蒙克在柏林期间是这里的常客。这个看似不起眼的地方，汇聚了来自斯堪的纳维亚半岛和德国本土的众多诗人、剧作家、小说家、评论家、艺术史家，如果把他们的名字全都列举出来，就可以明白，这里将是席卷欧洲文学风暴的中心。他们已经丢弃了自然主义，正在寻找一种艺术方式或文学方式展示灵魂内部的宏观世界，窥视人性最黑暗的深渊。

无数个类似的夜晚，无数场类似的聚会，在这个房间里上演着：长得黝黑的德国表现主义诗人理查德·德麦尔以朗诵他优美的诗句作为开场白，颇富激情；紧接着，另一位诗人也朗诵起自己的诗，并谈起自己的初恋情人，引起人们的阵阵嘲讽。来自波兰的小说家普兹拜科夫斯基坐在钢琴前连续弹奏着舒曼和肖邦的经典曲目，吸引了人们的注意力，人们随着曲子舞动起来，一时间灯光摇曳，雪茄的烟雾遮住了人们朦胧的面孔。在跳舞的人中，有一位高挑的女士格外惹人注意，她叫答格尼·朱尔，是这个房间里众多男子的精神恋爱对象。而这个房间中具有精神领袖地位的斯特林堡虽然也爱慕答格尼·朱尔，嘴上却说女人是劣等人，是妓女，是削弱男人的吸血鬼。人们在房间里畅所欲言：艺术、黑魔法、通灵术、尼采哲学。一个历史学家说："这里的观念交换快过情妇交换。"

蒙克在这里的社交圈子，对他的作品创作、宣传，都起了重要作用。通过这个圈子，他获得艺术的灵感，这里的朋友有的为他的作品提供意见，有的给他充当模特，有的通过媒体撰写文章介绍他的艺术，有的为他介绍赞助人，有的则为这个群体的活动作记录，为后人留下了丰富的研究资料。在黑猪酒吧的团体中，有几位跟蒙克关系非常密切的朋友，是要特别介绍的。

首先是奥古斯特·斯特林堡，一个瘦削、严肃的瑞典剧作家。他是黑猪酒吧的核心人物，在他的带领下，这里汇聚了大量的来自瑞典、挪威等斯堪的纳维亚半岛国家的人，几乎跟德国人一样多。他童年受继母虐待，养成了敏感冲动的性格，感情生活大起大落，对女人充满歧视，认为两性间的战争状态是生活和婚姻的基本法则。他早年写戏剧成名，但因在作品里嘲讽易卜生的《玩偶之家》、攻击“最后的晚餐”而被称为“亵渎者”，教育学家呼吁查封他的书籍，有孩子的父母甚至在街头抵制他。斯特林堡对女性的剖析、对男人弱点的暴露、对人生的悲观情绪等都深刻影响着蒙克。他和蒙克对文学、心理学和绘画有着共同的爱好，蒙克的艺术也尤其为斯特林堡所理解。蒙克在柏林画的第一幅画就是斯特林堡的肖像画。

普兹拜科夫斯基是一位波兰作家，曾在柏林攻读神经医科，是一位典型的耽于声色的“世纪末”诗人。在蒙克的很多作品中，都有一个尖下巴、八字胡、面色肮脏、双目无神的脸谱形象，比如《嫉妒》、《绝望》、《红色的美国藤》等，这个形象就是以普兹拜科夫斯基为假想模特的。普兹拜科夫斯基是蒙克艺术柏林时期的主要支持者之一，他还在 1894 年跟另外三个评论家各自撰写了评论蒙克艺术的文章发表于柏林媒体，并编写了《爱德华·蒙克的艺术》一书，为人们打开了探索蒙克艺术世界的一扇窗口。蒙克所画的《吸血鬼》一画的命名也是普兹拜科夫斯基提议的，这幅画原名叫《爱情与痛苦》，画的是一个女人埋头亲吻男人脖颈的形象。普兹拜科夫斯基评论这幅画说：“一个一直被摧毁的男人，咬着他脖子的是一只吸血鬼。画面里的激情是次要的，重要的是里面弥漫着的恐怖的寂静。男人是那样无助，他无法摆脱吸血鬼，也摆脱不了痛苦；女人则会一直在那儿，永远咬下去。”他还对蒙克《呐喊》一画中色彩与声音之间的关联，作过如下的解读：“对于新的艺术思潮来说，声音能够带来色彩，一种声音能像魔术般地变幻出一种永恒的生命，而一种色彩则能构成一个音乐会，一种视觉印象也能唤起来自灵魂深处的疯狂。”

这个时期，蒙克在克里斯蒂安尼亚的绘画老师克罗格也来到柏林，加入了黑猪酒吧，陪同他来的是他的妻子奥达·拉森，那位曾让杰庇·尼普森陷入感情深渊的女子。在柏林，她很快在克罗格的默许下跟挪威戏剧家贡纳·海伯格相好。她在黑猪酒吧的舞会中是个活跃人物，有时兴奋起来还把蟹钳插在头发上忘形地扭着。后来，她又跟克罗格来到巴黎，跟贡纳·海伯格分手，成为一个挪威医生的情妇，但她跟克罗格一直保持着婚姻关系。

情夫之多堪与这位神奇的女子相比较的是答格尼·朱尔。她从挪威来到柏林学钢琴，蒙克跟她的家人相识，由

《斯特林堡肖像石版画》，1896 年

《答格尼·朱尔》，1893 年

《嫉妒》，1895 年

此介绍她来到黑猪酒吧。她身材高瘦，嘴边总是带着一抹玩世不恭的笑容，眼波勾魂摄魄。她酒量非常好，精力旺盛，音乐一响，便跟身边的男士轮流起舞。这个房间的很多男人，包括蒙克，都被她迷得神魂颠倒。但是蒙克难以忍受她被一个又一个男人转手，这个游戏于几个男人之间的女人很迷人，却又很恐怖。她先是做斯特林堡的情妇，后来斯特林堡把她介绍给自己的一个学生，可是这个学生患了梅毒，所以她没接受；然后又把她介绍给了一个医生，她跟这个医生的关系维持了两个星期就结束了。很快，她和普兹拜科夫斯基相恋并结婚。1896 年，她和普兹拜科夫斯基来到俄国，实际是去会见一个情人。那个嫉妒的俄国人用一把手枪射穿了她的头颅，她那“类似圣母的肖像和音容笑貌”（蒙克语）就此香消玉殒，那个杀手也跟着自杀了。

蒙克二十多岁时经历过疯狂的初恋，被莫名其妙地背叛，又有那么多为爱而甜蜜、为爱而痛苦的朋友，他阅读他们的文学作品，听他们的倾诉，亲眼见证朋友圈子中的一段段爱恨纠缠，这些都对他的创作产生了深刻的影响。

## 第三节　蒙克笔下的女人与爱情

自从 1892 年在柏林办完画展后，蒙克就在一个酒店二楼租了间房子作为自己的画室。在接下来的几年，他集中精力创作了多幅经典的代表作。下午到晚上，他一般在黑猪酒吧参加聚会，回到自己的公寓时，已经很晚了，但这正是他最有创作欲望的时候。他甩掉风衣和帽子，挽起袖管，嘴里叼上一根雪茄烟，开始在画布前边工作。这个房间昏暗凌乱，除了脏兮兮的床单和衣服、喝了一半的咖啡、满地的烟头以外，剩下的几乎全是画，有简单勾勒的草图，有素描，有画了一半或已经完成的油画、炭笔画、粉彩画，从沙发上到桌子上、橱柜上，甚至连洗涤槽和壁炉上，都是画。有时，进展顺利，他会不知不觉地画一个通宵，然后满意地扔下画笔去睡觉；有时，缺乏灵感，他一根接一根地吸烟，眉头拧成一个疙瘩，甚至禁不住捂着头抽噎起来。可以想见，一个孤独的艺术家，在异乡的深夜，在一间逼仄的房子里，是多么难熬。

这个房间最常见的客人有三种：第一种，是蒙克在文学、艺术界的朋友；第二种，是蒙克的模特；还有一种，是妓女。在当时，妓女是合法职业，对一个深受黑猪酒吧团体影响的单身男人来说，招妓是一件再正常不过的事。但是女人对蒙克人生的意义却非同一般，他通过女人的肉体寻求温暖和安慰，之后又像飞蛾扑火一样只剩下空虚和伤痕。蒙克一生的画作中，有大量的女性主题画，女人在他生命中留下了谜一样的印象。他曾在日记中写道："女人是一种很有乐趣的动物，我想我只应该画女人。"在蒙克笔下，我们看到了截然不同的女性形象，她们有的是纯洁、柔弱、敏感的，有的则是妖媚、残酷、麻木的。

早在蒙克二十岁左右参加波西米亚群体的时期，他就画过青春期女孩相关主题的画，后来毁了，又多次重画，其中最著名的版本是他 19 世纪 90 年代在柏林时期画的。这幅画名叫《青春期》：一个女孩在夜半醒来，发现了床单上的血迹和自己身体的变化，这种变化让她惶恐紧张，在这个清冷的夜里，她没有人可以倾诉和依赖，四周的空间仿佛是无底的深渊，曾经的天真无邪的时代就要远去了，

《青春期》，1893 年

《心声》，1893 年

《圣母》，1893 年

《圣母》，石版变体画，1902 年

一个看不见的阴影在向她逼近，那是她未来将要面对的不可知的命运吗？在这幅画中，少女睁着不明所以的眼睛，脸上露出惊恐的表情，她下意识地交叉双手搭在并拢的双膝前，遮挡着部分躯体。少女那尚未发育完全但已经显得圆润纯洁的身体、洁白的床单、背后如云朵般扩散的恐怖的阴影，似乎都在渲染着一种不可知的恐怖气氛。

在《心声》一画中，一个身穿白衣的少女独立房中，背后的窗户上映出蔚蓝的大海和橙色的月亮的光柱。少女脸上是向往的表情，似乎在憧憬着什么，或许是懵懂的爱情？但是她身边昏暗的环境似乎预示着她难以实现心愿。

在《孤独的人》（又名《海边的少女》）一画中，背景也是湛蓝色的大海，礁石边上一位白衣少女临风而立，留给观者的是一头长长的金色头发和孤独的背影。白衣长发的少女，似乎是蒙克画中一个固定的程式，往往意味着纯洁和梦想。但明朗的画面背后，却潜藏着悲凉的意味。

而在另一幅与《青春期》画于同一年的名为《圣母》的画中，是一个完全形成对比的女人形象。我们习惯了拉斐尔那圣洁、优雅、慈祥的圣母画，而这幅画却是一种完全的颠覆。画中的女人赤裸着身体，双臂向后弯曲，呈现一种魅惑的姿势，面部表情似笑非笑，像是沉入了梦幻中一般。她被笼罩在一片黑暗旋涡似的背景当中，像是要把人吸入罪恶的深渊。这幅画的原型是答格尼·朱尔。从蒙克为答格尼·朱尔画的那幅肖像画中，我们隐约可以看到相似的五官和表情。蒙克自己把画中的表情形容为“一具尸体的微笑”，他在笔记中写道：“在整个世界将停止它的进程时，你的脸收揽了地球上所有的美。你的嘴唇，深红得像成熟的果子，但是隐藏了一丝痛苦。一个僵死的微笑出现在你的嘴角，死亡即要来临，那条曾经束缚过世世代代人们的锁链已打制出来——它将继续束缚已经出生和将要出生的世世代代的人们。”后世认为，这幅画传达出比死亡更复杂的内容，或者说表达一种潜意识中对女性的认识，画中的女人是主宰者、诱惑者，代表着欲望和威胁。特别是这幅画的另一幅石版变体画，左下角多了一个未成形的胎儿骷髅，边框则加上男性游动的精子，这些精子虽然围绕着女体漂游，但受限于木框的束缚，始终碰不到画中的女体。女性主宰着生命和死亡，可赋予男人以生机，但也可置男人于死地。

与这幅画类似的还有一幅名为《手》的画，同样类似的女性裸体、魅惑的笑容、黑红交加的旋涡背景，女体四周是无数只手，却碰不到女体，女子的表情如妖如魅，完全掌控着画面。

在蒙克关于爱情主题的绘画中，男人很少有甜蜜的感受。他们或者埋首在女人的头发里，或者低头沉默在画幅的一角。女人则往往被描画为强大、暴力甚至嗜血成性的形象，她们残酷地榨取男人，令男人被迫处于弱势，在她们面前萎缩成一个背影，甚至只留下一个手势。比如前面提到的《吸血鬼》和《离别》，还有绘于1894年的《灰烬》。

在《灰烬》一画中，主体是一个站立在房中、披散着头发的女人，她身披代表着纯洁的白色外套，却又罗衫半开，露出鲜红的代表着欲望的内衣；她双手捂着火红的头发，让人想起希腊神话中那一头蛇发的魔女美杜莎；画面的左下角，是一个抱头蜷缩成一团的男人。从画面来看，似乎是男女一夜堕落后的情景，男人丧失了所有的力量和自尊心，陷入深深的悔恨中。

还有一幅名为《马拉之死》的作品，在后面讲蒙克和图拉·拉森的故事时会讲到。画中是一个裸体女人面无表情垂手而立，旁边床上躺着血泊中的男人。

即使是表现男女热恋的《吻》，男人与女人紧紧相拥相吻，我们却看不清他们的脸，两人的面部似乎混合成了一团，此时女人会是什么表情呢？不得而知。但如果把

《吻》——《吸血鬼》——《灰烬》——《离别》——《马拉之死》同时摆在眼前，就俨然得到了一个女人在烈火烧灼的爱欲之后将男人毁灭的故事。这个女人，可能曾经是《青春期》、《孤独的人》、《心声》中情窦初开的少女，但同时，她又如《圣母》、《手》中的女人那样，在销魂荡魄的冷笑中让男人受尽折磨。

《女人三相》一画汇集了女人的不同面貌，以及男人对女人的困惑。在这幅画中，从左到右、由暗到亮，呈现出三个女人和一个男人的形象。左边的第一个女人，一身白色的衣裙，仰头眺望着大海；中间的女人，赤裸着身体，一头鲜艳的红色头发，眼神挑逗而淫荡；右边的女人，全身包裹在黑色的衣服之中，神情木然。画面最右侧，是一个低头沉思的男人。蒙克给这幅画取的另一个名字叫《斯芬克斯》。在西方神话中，天后赫拉派斯芬克斯坐在忒拜城附近的悬崖上，拦住过往的路人，用缪斯所传授的谜语问他们，猜不中的人就会被它吃掉。在蒙克看来，女人对男人来说就像斯芬克斯一样，是个必须冥思苦想的难解之谜。蒙克为它配的一行副标题是："其余的都是一，而你是一千。"这句话引用自昆纳·海伯格的剧本《阳台》，生动表现了女人性格的多面性。

《孤独的人》，铜版画，1896 年

《灰烬》，1894 年

《吻》，1893 年

《女人三相》，1894 年

值得一提的是，1895 年当这幅画在克里斯蒂安尼亚展出时，受到了挪威戏剧大师易卜生的关注。当时正是蒙克最困难的时候，在柏林产生的轰动效应已经平息，尝试回归祖国办画展，却依然引起很大纷争。就在这次画展中，易卜生安慰蒙克说：“请相信我的话，事态好像朝着我们的方向发展，你也一定会向我们这边靠拢的！敌人越多，朋友也就越多！”蒙克陪同他看了全部作品，并为他解释这幅他非常感兴趣的画：“站在树干和裸体女子之间的黑色人像是一位修女，她周围的阴影代表着悲痛和死亡，那个裸体女子一味对生活充满欢乐，她们旁边是一位金发白衣女郎，她正朝大海走去，朝着遥远而无止境的地方走去，这是一位正在渴望和思恋的女人。在右边最远处的树干之间站着一位男子，一幅苍白而不可理解的样子。”后来易卜生创作了话剧《当我们死者醒来时》，其中对三个女性的刻画，就是受这幅画的灵感启发。

有人认为，蒙克作品中钟情于女性形象的表现，是由于他现实生活经历中造成的潜意识的支配。他在童年失去了母亲和姐姐这两个生命中重要的女人，从小在没有母爱、缺乏女性温情的世界中成长，这样的世界对他来说是冰冷可怕的。他眼睁睁看着两个女人的生命枯萎，这使他把女亨利克·约翰·易卜生（1828 年 3 月 20 日—1906 年 5 月 23 日），生于挪威希恩，是一位影响深远的挪威剧作家，被认为是现代现实主义戏剧的创始人。

人和脆弱、死亡联系起来。在他画中那些柔弱纯洁的女性背后，总是有一种命运悲剧的气氛在产生威胁。但正是因为缺乏爱与温情，成年以后的蒙克一直都在女性的身上寻求着爱，这种感情热烈得几乎接近病态，他似乎只有通过她们爱与肉体的温馨才可以暂时摆脱对尘世寒冷的恐惧。但他在现实中亲身经历的和耳闻目睹的其他人的爱情，却少有甜蜜体验，而是交织着嫉妒、焦虑，及至坠入痛苦毁灭的深渊。他比任何人都需要女人、渴望女人，却又比任何人都恐惧女人、鄙视女人。女人代表着他渴望的爱与温暖，却又代表着死亡与绝望。

## 第四节　死亡的回忆

“我自幼被死亡、疯狂与疾病跟随，直到现在。我很早就知道人生的悲苦与险境……”在柏林那间小小的出租房里，蒙克翻看着自己过去的文字笔记，一段段痛苦的记忆涌上心头。童年记忆中反复出现的孤独、绝望、死亡和无穷无尽的悲伤，深深地困扰着蒙克，悲惨的人生经历使他对死亡和痛苦有着异乎常人的敏感。他比别人离地狱更近，所以他能更真切、更直接地看到死亡。反复表现死亡主题，是他在寻找发泄内心恐惧的出口。

早在1886年，他画了《病孩》，来展现对姐姐索菲亚死亡的记忆，受到广泛的抨击，但他从来没有放弃。而如今，他将储存的记忆再次倾泻在画布上。《病室中的死亡》，又名《死于病房》、《死亡瞬间》，是蒙克绘画中死亡主题的代表作之一。这幅画表现的是家属在病人死亡一瞬间的表现。在一间简陋的房间里，藤条椅上背向画面安放着死者，那是姐姐索菲亚。旁边站立的老者是父亲，正在祈祷；姨妈似乎已经非常疲惫，靠着椅子的支撑才勉强站立。画面前景的三个人是蒙克和两个妹妹：梳着红色发辫的劳拉坐在椅子上，头深深地埋在胸前；蒙克背对画面，看着安放死者的方向；英格是画面中唯一面向观众的，她僵直地站立着，交叉的双手无力地垂在身前，面色苍白，嘴唇紧绷，两眼凹陷，似乎正努力控制着自己的情绪。在画面的左侧，是弟弟彼得，他一手插在裤兜里，一手扶着门框，扭过头去，不忍看房间里的情景。整个房间弥漫着死亡瞬间的气息。只有有切身的感受，才能把死亡描绘得这么真切。真正的死亡是什么？不是哭天抢地，天昏地暗，也没有众多的亲友前来吊唁。真正的死亡面前，除了最悲痛的亲人，世界一切都没有变，就像这个冰冷的房间一样，绿色的墙，橙色的地板，简陋的床。当死者和家属离开这里后，世界照常运行，就像这生命从来没有存在过一样。面对亲人的死亡，最悲痛的表现不是泪眼号啕，而是如这画中的人们，僵硬、麻木，仿佛所有的活力都已随亲人而去，他们已经连悲痛的力量都没有了。

在这幅画中，蒙克利用了蛋彩画法，即用蛋清代油来调和，使画面变得平滑，色彩效果明显加强，特别是英格的脸部这种颜色，是蒙克经常用来表现忧郁性格的程式。画中的人物分别有侧面的、正面的和向外观看的，仿佛是舞台剧中的一幕，蒙克的画也确实具有与易卜生的戏剧一样的冷峻和透入人心的力量。值得注意的是，在这幅画中，虽然展现的是姐姐索菲亚死去的情景，但画面中家人的形象却是蒙克作这幅画时的年纪，连已经死亡的父亲也出现在了画面中。在蒙克心目中，这次生死别离的瞬间一直都存在于所有人的心中，从未淡去，这个情景已经成为家人记忆中的永恒。蒙克在创作这幅画时受到了索伦·克尔凯郭尔理论的影响，他曾在自己的一本书中分析了瞬息和永恒会合的一刹那的哲学意义，因而他又将这幅画命名为《死亡瞬间》。

《死去的母亲和孩子》一画，同样是表现死亡，渗透着蒙克对童年时母亲去世的回忆。与该画类似的，还有创作稍晚的《死去的母亲》，彼时画家已经走出了个人体验，而转向一种普遍性的生命观照。这两幅画的主体构图是一样的，只是前者表现的是一个女孩、死去的母亲还有病床旁边的几位家属，后者则更纯粹，把不必要的细节剥去，直接突出站在病床前端的孩子。画的重点同样在表现活着的人的感受

《病室中的死亡》，1894 年

《死去的母亲和孩子》，1899 年

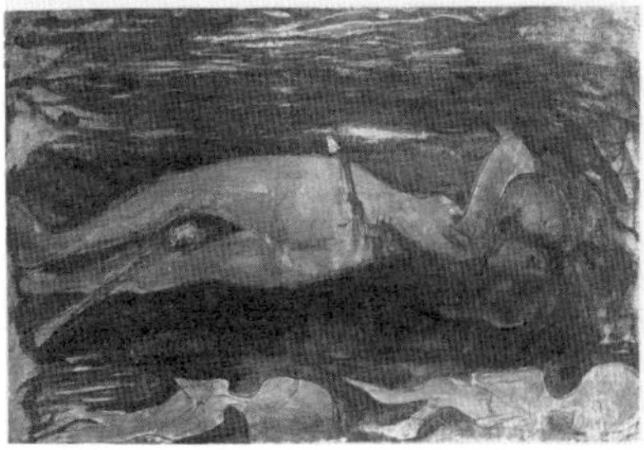

《少女与死神》，1893 年

### 蛋彩画

蛋彩画是一种古老的绘画技法，用蛋黄或蛋清调和的颜料绘成的画，多画在敷有石膏表面的画板上。盛行于14~16世纪欧洲文艺复兴时代。蛋彩运用在壁画上称为湿壁画，有不易剥落、不易龟裂、色彩鲜明而保持长久的特点。蛋彩的调配和绘制程序技巧复杂，配方很多，不同配方，使用方法和表现效果亦各有特色。

上，死者只是个背景。在画面中最攫住人心的自然是那个孩子，在他心目中，也许对死亡的概念还不明晰，但最直接能感受到的是母亲的消失。他目光茫然，双手捂着耳朵，似乎想以此拒绝那失去母亲的世界。这个动作跟《呐喊》中主体人物的动作非常相似，他们都是在借此逃避一种极端的痛苦情绪。

死亡是蒙克画中一抹普遍的色彩，死神、骷髅、灵床、墓地、暴风雨、阴影……都是常见的死亡意象。《少女与死神》是一幅表现抽象的生命与死亡相抗争的图画。这里的女孩不是某个具体的人，而是鲜活的生命的代表。裸体的少女与一具骷髅相拥，好像在跳舞，又好像在接吻。他们的身躯裹挟在一起，少女丰满、健康的身躯和死神干枯、嶙峋的恐怖身影，形成强烈的对比。很难说清，这画中的少女是在将死神视作掌中的玩物，还是完全不知眼前就是死神。而少女身后那婴儿胚胎状的生物也增加了画面的神秘感和象征性。由生命的起源到生命的终结，由肉到骨、由骨到肉，生命循环往复，没有人能摆脱这个不可逆转的规律。蒙克没有躲避死亡，他渐渐走出回忆的阴影，看透了生命和死亡的并存、命运的必然。所以，他在一系列各种主题的画作中，不管是自然风景还是人物肖像，处处都跳动着生命的脉搏，蕴涵着生死轮回的矛盾对立。

## 第五节　穿越时空的呐喊

对如今的普通大众来说，提起“爱德华·蒙克”这个名字的时候，人们或许会有短暂的犹疑；如果加一句“《呐喊》的作者”这一注解，那么大部分人会露出恍然大悟的神情；而如果这幅叫《呐喊》的画摆在人们眼前，那么所有人都会说：“哦，是这幅画！”是的，这是任何一部合格的美术史一定会提到的作品。

不过，在欣赏这幅画之前，我们要知道，它不是突然之间产生的灵感，而是个人经历、绘画实践累积的结果。蒙克的敏感是与生俱来的，他几乎时时刻刻生活在自己的孤僻世界中，任由恐慌绝望的情绪不断冲击着胸腔，直到在画中喷薄而出。早在《卡尔·约翰街的夜晚》中，我们就已经看到了那种流动模糊的线条和鬼魅一样的脸谱，而《绝望》一画的创作更是直接体现了《呐喊》的雏形。从构图上，《绝望》几乎跟《呐喊》异曲同工，区别只是《绝望》中的前景人物侧身靠在栏杆上，戴着礼帽，观看着桥下的河流，而《呐喊》中则好像是这个人终于压抑不住自己的情绪，转过身来，不顾形骸，爆发出恐怖的呐喊。这两幅画作的产生，与蒙克在法国尼斯的一段亲身经历有关。1892 年 1 月 22 日他的笔记中写道：“尼斯。我和朋友一起去散步。太阳快要落山时，突然间，天空变得血一样的红，我似乎感受到了一种悲伤忧郁的气息。我止住了脚步，轻轻地倚在栅栏边，极度的疲倦已使我快要窒息了。火焰般的云彩像血，又像一把把利剑笼罩着蓝黑色的挪威海湾和城镇。朋友相继前行，我独自站在那里，突然感到不可名状的恐怖和战栗，大自然中仿佛传来一声震撼宇宙的呐喊。”基于这段经历，他创作了《绝望》，并在 1892 年克里斯蒂安尼亚的分离派画展中展出，当时的标题叫《日落时的伤感》。这幅画深深打动了一个参观者，他在报纸上发表了一首长长的诗，最后几句是这样的：

这不是残阳染红的云彩，
这不是落日洒下的余晖。
这是火舌，鲜血淋漓，
这是宝剑，银光闪闪，
这是洪水，火红，火热。
这是死亡的痛苦，
这是末日的恐怖，
这是在黑洞洞的大厅里，
在沸腾的激情中
写下的经文，
这一切都是人生中最可怕的东西，
不可思议，而又神秘莫测。

《绝望》已经带给观者如此大的震撼，那么可以想象，当《呐喊》横空出世的时候，会引起怎样的轰动！那么

《绝望》，1892 年

《呐喊》，1893 年

《呐喊》这幅画是通过怎样的艺术手法来达到那种绝望、不安、恐惧的艺术效果的呢?

首先，画中抽象化的人物形象直接造成震撼的效果。画面以一个站在桥头的人形为中心，他瘦骨嶙峋，两只手抱着毛发全无的头颅，双眼形成两个空洞，嘴巴张开到夸张的程度，似乎在发出某种绝望的嘶喊。他捂着耳朵，似乎听不见那两个远去的行人的脚步声，也看不见远方的两只小船和教堂的尖塔。这一完全与现实隔离了的孤独者，已被自己内心深处极度的恐惧彻底征服。他就像一个尖叫的鬼魂，让观赏者恐惧，不自觉得也想要尖叫呐喊。他不是一个具体的人物，只是一个被抽象化了的代表恐惧的形象。

这幅画夸张的色彩运用同样具有极强的刺激效果。蒙克所用的色彩与自然保持着一定程度的关联。虽然蓝色的水、棕色的地、绿色的树以及红色的天，都被夸张得极富表现性，但并没有失去其色彩大致的真实性。同时，他在此基础上运用了夸张的表现手法，比如奇特的造型和动荡不安的线条。一方面，画中的天空颜色十分刺眼，就像滚动着的血红色波浪，令人感到震颤和恐怖，仿佛整个自然都在流血；另一方面，整幅画的色彩又是郁闷的：画面中的色彩混浊压抑，除了天空，其他景物的颜色中都掺入了黑色，给人以不祥的预感。海面阴暗处的紫色伸向远处，显得阴沉。同样的紫色，重复出现在孤独者的衣服上。而他的手和头部，则留在了苍白、惨淡的棕灰色中。燃烧的血红色彩以及象征死亡的黑色，表现了一种极度恐惧的情感。在这幅画血红的天空上方，还有一行潦草的小字："只有疯子才画得出。"

在构图上，蒙克充分地使用动荡的、弯曲的、倾斜的线条，将桥梁、天空和大地联系在一起，把那个瘦骨嶙峋、双手捂着耳朵呐喊的人物置于画面的前景，道路直接伸向观众，呐喊直接面向观众，使整个画面产生一种强烈的节律感。画中没有一处不充满动荡感，天空与水流的扭动曲线，与桥的粗壮挺直的斜线形成鲜明的对比。整个构图在旋转的动感中，充满粗犷、强烈的节奏，与梵高的名作《星空》中那一个个巨大的旋涡一样，将其画面上的情感表现几乎推向了极致。

《呐喊》的创作离今天已经一百多年了。自这幅画诞生起，对它的解读就从来没有停止过。蒙克被视为表现主义的先驱，以《呐喊》为代表的系列作品即为其标志。对于《呐喊》一画的中心思想，社会思想史家认为，它是蒙克这位敏感的“世纪末”画家对19世纪末20世纪初人类困境的揭示，是在工业社会潮流的席卷下，对个人的渺小、心灵的机械化、理性的泛滥和科学主义的霸权等的严重的不安和反抗，并试图从这种现代性笼罩的绝境中杀出一条血路。但是随着时光的流逝，到一百多年后的今天，我们依然很容易就能从画面中感受到那种无言的压抑、恐慌、不安和苦闷。凡是伟大的艺术家，同时也是伟大的预言家，他们的预言能够穿透时空，感染所有与其邂逅的人。其实，抛开这幅画背后画家个人的体验和当时的历史背景，仅仅从画面带给观者的第一印象来看，它也足以唤起所有人都有过的人生体验。谁不曾有过莫名其妙的彷徨？谁不曾在人生的低谷中对周围的一切都感到绝望？谁不曾在某个情绪的端口，突然觉得世界都变得遥远模糊、只剩下自己孤独的灵魂？每一代人有每一代人的无奈，而精神的苦闷和彷徨也永远伴随着人类。

从1893年到1910年，从蜡笔到粉彩再到蛋彩画，爱德华·蒙克共创作了4个版本的《呐喊》，而同样的版画题材则更多，形成了一个《呐喊》系列。直到今天，《呐喊》也依然吸引着人们的视线。1893年创作的第一个版本是最为人熟悉的，藏于奥斯陆国家美术馆。1994年2月12

日，4 名劫匪趁冬奥会期间美术馆将《呐喊》移动到另一个展厅、尚未加强安保措施的时机，用锤子砸破了美术馆的玻璃，直奔《呐喊》，就在警报器铃声大作中剪断金属线盗走了《呐喊》，还留下了一张讽刺的纸条：“感谢这可怜的安保系统。”三个月后，画作被追回。一幅 1910 年的蛋彩画版本，藏于奥斯陆的蒙克博物馆，也在 2004 年 8 月 22 日经历了一次被劫盗的厄运，一起遭劫的是另一幅名画《圣母》。到了 2006 年，画作被追回。另外一幅蜡笔画版本同样藏于蒙克博物馆，但这个版本的完整度不如其他三个版本，而且有更严重的褪色现象。还有一个版本由蒙克的朋友、邻居及艺术赞助人托马斯·奥尔森收藏，这是唯一一个由私人收藏的版本，这一版《呐喊》是色彩最丰富、最鲜亮的一幅，由蒙克亲手为画框上漆并题写诗句。2012 年 5 月 2 日晚，奥尔森的儿子将这个版本在纽约的苏富比拍卖行拍卖，起价高达 4 000 万美元，最后以 1. 199 亿美元的天价成交，创下了世界艺术品的拍卖纪录。

## 第六节　版画创作

从 1893 年到 1894 年，蒙克在欧洲各城市参加了十几次大型展览。他一次次地为作品列清单、贴标签、装箱、邮寄，坐火车旅行数百公里，不停地换着酒店房间。他靠着 1892 年柏林画展的余波，获得了可观的画展门票收入，也开始逐渐把自己新创作的一系列跟男女爱情、生命新陈代谢相关的主题画作推到世人面前。1894 年春季之后，蒙克引发的争论已经慢慢平息，他那种引起震动的展览已经不再被需要了，商人也很少再购买蒙克的画作。蒙克只能住在廉价的旅馆中维持生计。在这时，他第一次接触了铜版画。

铜版画是欧洲历史悠久的一种版画工艺。在铜版上用凹线刻制图案，在版上刷上油墨，擦去平面上的油墨部分，凹线中的石墨就留下来。再把纸铺在版上，用滚筒一滚压，凹线中的石墨就印在纸上了。

铜版画技术发明于15世纪，题材大多是生活场景、异域风光等，它那典雅庄重的风格深受贵族喜爱。不过，铜版画发明的一开始，主要是“复制版画”，也就是画家在纸上画出画稿，再由工匠根据画稿制作铜版。但是随着德国的丢勒等一些版画大师的出现，艺术家们开始直接制作版画，他们既掌握了制作技巧，又有自己的艺术构思，二者相结合，自然使铜版画的艺术性得到了大大的提升，这样，铜版画就进入了“创作版画”阶段。

蒙克在欣赏了丢勒、伦勃朗、戈雅等人的铜版画作品后，也开始自己尝试制作铜版画。他的工具是一小块铜板，和一把坚利的刻刀。他用刻刀在铜板上刻出线条，但是铜板太坚硬，刻出线条非常费力，而且效果是那么不自然，他便去请教一位柏林大学形象艺术学的教授。教授看了他刻的铜版以后，哑然而笑：“这都什么时代了，你还用这么落后的技术？蚀刻铜版都普及了两个世纪了。来，请随我到我的工作室来，参观一下真正的铜版画制作。”蒙克来到教授的工作室，教授给他看了一块铜版。“这块铜版有什么不同吗？”“当然，这是在表面涂过防腐剂的。现在你在上面随便画点东西。”说着，教授递给蒙克一支尖尖的笔。蒙克用笔在上面一画，笔尖所到之处，防腐材料被刮去，就露出了原来的铜版表面。没用多长时间，一幅有远山近水的简单画面就呈现出来。教授接过版面，把它浸到硝酸溶液里，没多久，取出版面一看，露出铜版的部分已经被腐蚀得形成了浅浅的凹线。“哦，原来如此，这可比直接拿刻刀在铜版上刻轻松多了。”“当然。以前可只有金银匠，才能做得了这种技术活儿。别急，还没弄完呢。”说着教授把画面上已经露出细细刻线的远景部分也涂上了防腐材料，然后重新浸泡到硝酸溶液里。这下，蒙克立刻明白了：“哦，这样第二次腐蚀就只会腐蚀近景部分了，线条会更粗更深!”教授点点头：“没错!”蒙克对这种技法感到特别新奇，他端详着这幅版画，马上又想到一个办法：“如果我早就对这幅画了然于胸，那么我可以先画出近景部分，腐蚀一定时间以后取出来，再画远景部分，再进行第二次腐蚀，这样，同样可以形成粗细不同的线条效果了。”教授说：“看来，蒙克先生真是有悟性，这种方法的确也很常见。实际上，腐蚀法还有很多种。这要归功于荷兰版画家伦勃朗对腐蚀版画的发展。还有更有技术难度的软蜡腐蚀法：在防腐蜡里加上油脂，形成软软的蜡，涂在版面上，再覆盖上一层薄薄的纸，再用铅笔或刻针作画，就像在画纸上作画一样轻松。凡画过之处，蜡就被粘在纸上，用力重，蜡被粘去多，反之则少。画完揭纸腐蚀，用笔重的地方腐蚀得就深，用笔轻的地方，由于溶液要透过一层薄蜡才能腐蚀，所以腐蚀较浅。”

说得容易，学起来可没那么简单。腐蚀溶液的浓度、用笔的轻重、腐蚀时间的长短，都是需要慢慢摸索的。随着对版画的频繁接触和对版画的技法、材料的熟悉，蒙克很快就被版画独特的语言魅力所吸引，进而更加着迷于版画艺术强烈、激情的表现性。1894 年，蒙克创作了自己的第一件铜版蚀刻画《死神与少女》，这是对一年前那幅同名同构图的油画的发展。由于铜版画线条简洁，所以突出了黑白对比的强度，使得画面更加醒目、焦点更加集中，少女的身躯和死神的骷髅形成具有对比效果的恐怖气氛。

蒙克意识到，一幅铜版可以迅速反复印刷成很多份，如果能够把自己的作品制作成版画来发行，这要比油画的传播速度快多了。恰在这时，新文艺杂志《潘神》向他抛出了橄榄枝。原来，在黑猪酒吧的常客中，有一位叫朱利叶斯·梅尔格雷夫的人，是德国艺术史家兼作家，他对蒙克的艺术一直很欣赏，我们在讲蒙克在黑猪酒吧的故事时提到的普兹拜科夫斯基出版的那本《爱德华·蒙克的艺术》一书中，就有一篇文章是梅尔格雷夫写的。1894 年，梅尔格雷夫开始筹办一份刊物，答格尼·朱尔给这份刊物取了个名字——《潘神》，“潘神”是希腊神话中掌管森林和声色之乐的神的名字，取这个名字很大程度上是为了迎合文艺小团体的兴趣。他听说蒙克开始对铜版画有兴趣了，便催促他尽快完成一些漂亮的作品，用来做杂志的装饰插页，再加上他自己介绍蒙克艺术的文章，这样一定会使蒙克的知名度提高，还会消除人们对于蒙克这个艺术天才的怀疑。

蒙克在梅尔格雷夫的鼓励下，创作了一批铜版画，送给了《潘神》杂志。但是，意外再次降临。这天，梅尔格雷夫带着歉意和愤怒的神情找到蒙克：“真是丧气！我实在受不了那些人对您的流言蜚语。他们反对把您的名字用在《潘神》这样一本流行期刊上。为了杂志的发行，我不得不退让。”蒙克忍住失望，大度地说：“没关系，我已经习惯了。”“不，您放心，我已经决定单独出版您的铜版画。我晓得某些人的想法，他们就是害怕因天才的出现而导致无政府主义！”不久，梅尔格雷夫果然单独出版了蒙克的八幅铜版画。1895 年，在完成了三期《潘神》的编辑工作后，梅尔格雷夫就和他的同事们各自解散了，随后，更多保守派人士接手了杂志。一位国外艺术家加仑·卡列

《死神与少女》，铜版，1894 年

那被邀请为《潘神》创作插图，这使得他在柏林迅速成名。加仑在柏林租了一间宽阔而华丽的画室，并组织了一些聚会。当他见到当时衣衫破旧的蒙克时，感到很失望，但还是同意在林登画室举办一个联合画展。在这次画展中，蒙克又一次抢走了风头，不论保守派的批评还是激进派的赞扬，人们都更愿意围在蒙克的作品周围，加仑则成了配角，这让他非常恼怒，一气之下离开了柏林。

1895 年，柏林引人注目的激进的社会环境已经被完全打破了，文艺界的人成群地离开柏林，包括黑猪酒吧的斯特林堡、普兹拜科夫斯基夫妇，还有脱离了《潘神》杂志的梅尔格雷夫。蒙克在柏林没有了朋友的陪伴，也没有了画商的青睐，倍感孤独。他收拾行李，决定离开这里。他回到克里斯蒂安尼亚逗留了短短一段时间，还举办了一个画展，本来希望借此得到祖国的承认，但事实证明，这个时机还远没有到来。于是，他奔赴巴黎。

这时，正是欧洲“新艺术运动”蓬勃兴起的时候，巴黎艺术交流氛围浓厚。在这里，他在接下来的两年中，进行了大量版画创作，从而成为一代版画大家。

在柏林对腐蚀铜版画小试牛刀后，蒙克继续学习铜版画的其他技法，比如用飞尘法或麻地刻来形成黑、白之间

**新艺术运动**

新艺术运动开始于19世纪80年代，在1890年至1910年达到顶峰。新艺术运动可分为直线风格和曲线风格，包括装饰上的风格和平面艺术的风格，并以其对流畅、婀娜的线条的运用、有机的外形和充满美感的女性形象著称。这种风格影响了建筑、家具、产品和服装设计以及图案和字体设计。

的过渡色——灰色。飞尘法就是把防腐材料做成粉末撒在版面上，稍微加热一下，粉末就附着在版面上，再放到腐蚀液中，凡未粘上防腐粉点的地方均被腐蚀形成凹洞，印刷效果就是灰色了，经过对腐蚀时间长短和防腐粉点疏密的控制，就形成了深浅不一的灰色。麻地刻不需要腐蚀，而是用一种叫摇凿的带有锋锐密齿的工具，先在版面上满满刺出均匀的麻点，然后用刮刀按照画面色彩的浓淡把这些麻点刮平。刮得轻的，着墨多，得深灰色；刮得重的，着墨少，得浅灰色，反复刮光则印出来是白色。他打听到一位叫科洛特的版画商人，把自己的版画拿给他看，科洛特赞不绝口，并给他介绍了另外一种版画：石版画。与铜版画相比，石版画更古老，操作更简单，就是在吸水性很强的石版上，用吸收油墨油质的蜡笔作画，再用抹布将版面打湿，滚上油墨。由于油水互相排斥，所以版面打湿的地方沾不上油墨，只有画面部分沾上油墨，这样就能铺纸印刷了。石版画比铜版画更接近用画笔直接在纸上作画的感觉，更能反映作者的原创性，而且石版可以反复打磨、修改，所以蒙克很快喜欢上了石版画。他一生中创作大量版画，其中最常使用的版种便是石版。

1895 年 12 月，巴黎的《白色评论》杂志发表了蒙克的一幅石版画，就是那幅《呐喊》。与之前创作的同名油画相比，石版几乎是以笔蘸墨一气呵成，线条更加粗犷，更具流动性。另外，他还创作了石版画《和一根手骨的自画像》，这幅画除了面部线条和一根手骨外，其他部分全是黑色，就像一方墓，黑白对比强烈到无以复加的程度，把观者所有的注意力都集中起来。1896 年，他在巴黎重新画了油画《病孩》，并决定把这幅画做成石版。这是一次对十年前那幅画的回顾和再创作。他刮了画，画了刮，像当年一样，不知修改了多少次才终于完成。由于石版的大小限制，他只画了女孩的面部，这就更加突出了女孩的头发和眼睛。他把这幅画印成彩版加以发行。彩色版画是一

《和一根手骨的自画像》，石版，1895 年

《病孩》，石版，1896 年

种有难度又有趣的挑战，因为它没有油画那样多的色彩，必须要创作者把握最主要的色彩。另外，彩色石版可以在一层色彩上再覆上色彩，形成新的色彩效果，那就需要对色彩视觉的混合规律有明确的认识。蒙克对色彩的研究延续了多年，有些作品一开始只印单色，到几年以后才印成彩版，比如《吸血鬼》，单色石版创作于1895年，而彩色石版到1902年才完成。

若论蒙克在版画史上的地位，最大的成就体现在他的木刻版画上。当他跟科洛特提出制作木版画时，科洛特简直不相信自己的耳朵："什么，木版画？上帝啊，您的想法总是那么难以捉摸，为什么要去做这种落后几个世纪的事呢？木刻版画是版画中最古老的技法，这种技术来自遥远的东方，我们欧洲在中世纪引进，但是木头的纹理太粗糙了，没法进行细腻的修整，现在早就被抛弃了！"蒙克自信地一笑："粗糙的木头自有它的好处，也许这种古老的技法在我手里能焕发出新的生命力呢。"原来，蒙克在制作版画的过程中发现，版画与油画最大的不同，就是版画要求线条不能太讲究，所以艺术家就必须抓住画面最主要的特征。而他的艺术理念正是要表现自己最突出的情绪和感受，他只表达某种强烈的感觉，对这种表达显得多余的部分将全部被忽略或被简化掉，这与版画的要求不谋而合。有人说，他的画总是给人一种“未完成感”，就是刻意忽略一些笔触，比如他的人物经常面目模糊，只有勉强可见的眼睛，有时则只留下一点模糊的轮廓。木版画不正是版画中最需要简化的版种吗？而且，木版那种粗犷的纹理，与蒙克画面中时常涌现的躁动的情绪也恰恰吻合。

木版画《不安》是他的代表作之一，它综合了《呐喊》与《卡尔·约翰街的黄昏》的主题，显示现代社会中众生普遍的精神惶惑和不安。他用圆刀刻出人物斑驳杂乱的面部，配合几根尖细的三角刀痕的细线形成的远处的天空，木版粗糙的质感本身，恰是其极富表现力之所在。再比如《吻》这幅作品，蒙克最大限度地抽象了两个相拥的恋人的轮廓。在套色木刻技术上，他巧妙发挥，先印了有两个黑色人物轮廓的主版，再将作为背景的木版纹理套印在主版之上，使木纹的肌理也能隐约地在人物身上看到，打破了主体黑色形象的沉闷，使木板本身平滑且富于装饰性的肌理效果得以充分表现。

蒙克在制作套色木刻的时候发现，传统的方法，是把一幅画按照颜色的数量制作成很多块版，比如红色的部分印成一块，绿色的部分印成一块，一张纸先用红色版印刷，

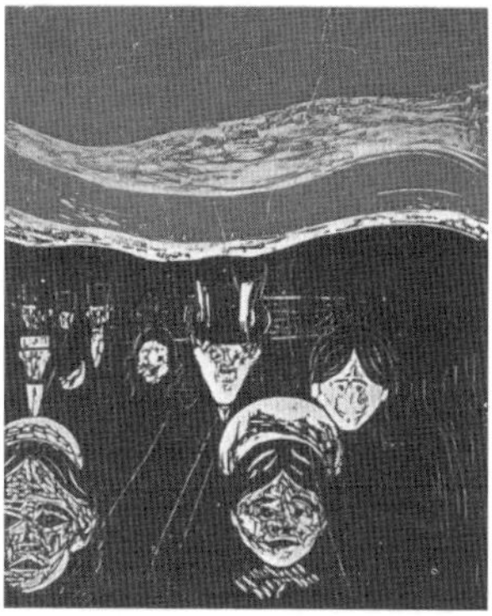

《不安》，木刻，1896 年

《吻》，木刻，1898 年

《海边的两个女人》，套色木刻，1898 年

再用绿色版印刷，才得到最后的画面。而他则创造了一种分版合印的方法，就是把不同的色域用线锯分割开，分别滚上不同的颜色，再像拼图一样拼合起来，因此同时可以印几种颜色，不再局限于一版多套的繁复。同时，画面每一个色域又都获得了白色的边界，构成了奇特的木版画自身所独有的味道。着色印版的主题与灵感，往往在色彩与肌理的飞速变化中得以产生。比如套色木刻《海边的两个女人》，红发白衣的少女、黑衣伺偻的老妪、绿色的海岸、黑色的大海，分别形成几个色域，少女代表着青春活力，老妪代表着枯萎死亡。老妪就像幽灵一样出现在少女身后，把手伸向少女，意味着生命衰退的命运。

蒙克把自己对铜版、画版、木版的创作技法综合运用，以一种方式做主版，再用另一种方式做色版，首创了不同版种混用的拼合版画，为我们今天的综合版的发展奠定了基础。他对版画的情有独钟和在版画技法探索方面作出的巨大贡献，他的综合与创新，以及为未来版画创作带来的前所未有的自由空间，无不说明他是个版画天才。蒙克不愧为19世纪末20世纪初的版画大师。直到晚年，他也没有停止版画创作。他的老朋友的回忆文章说，1938年，他去拜访蒙克在埃克利的庄园，整个第一层房间都用作他的工作室，里面有好几台印刷机和各种石版、铜版、木版。

我们可以发现，在蒙克版画作品中，系统地重复出现了近十年的油画作品主题，几乎没什么新题材问世。这并不意味着他失去了创造力，而是他对自己作品的洗练。他有一个习惯，就是对重要的作品，如《病孩》、《呐喊》等，隔些年就要重新创作一幅，对有些构图和意象也喜欢反复使用，但每次都会与之前的有所不同，这是一个善于反思、内省的艺术家对作品的虔诚的态度。

# 第5章：欧洲苦旅

## 第一节　莱茵河畔的破冰

1896年秋，巴黎独立沙龙画展前夕的一天，蒙克正在把几幅画从公寓后窗户递到街上，在那里，几个朋友正在接应。一个朋友悄声说：“你的画幅越画越大，恐怕以后从窗户就递不出来了。”另一个说：“伙计们，相信吧，以后不会再有像做贼一样把画从窗户往外运的经历了。我看好他，将来他的画会光明正大地被保安护卫着从正门运出来！”窗户里面的蒙克听了，不禁感慨万千，他由衷地感激这些一直支持着他的朋友们。“嘘，快运走吧，小心点，被店主发现的话就不好了！”偏偏在这时，一个不小心，只听“哧”的一声，敏感的蒙克马上听出是油画布撕裂的声音，赶忙问道：“怎么回事？”外面的几个朋友检查以后发现，那幅《女人三相》破了一个洞。蒙克心疼得一阵抽搐，这里每一幅作品都是他的心血啊。“别急，只是边上一个小洞，没关系的。我们想办法把它修好。现在赶快运走要紧！”朋友说着，赶忙把画护送走了。

蒙克疲倦地坐回到房间的沙发上。他打量着这个简陋的房间：脏兮兮的床和家具，乱糟糟的画笔和纸，还有一些木版、石版、铜版。几件大幅的重要作品运走，房间里显得空了许多。真没想到，自己会沦落到租这么廉价的公寓的地步，而且还欠着店主的钱。按照法国法律的规定，如果欠债还不上，他在这店里房间里的财产就要拿来抵押给店主。但是，如果财产在店外的话，店主就不能占有。现在店主把前门看得死死的，蒙克为了把画运出去参加独立沙龙画展，只好像做贼一样利用后窗户了。

他闭上眼睛，回顾着自己从 1892 年以来完成的这些作品。这些作品已经形成了一个围绕着爱、生命和死亡的主题的系列，在很多城市进行展出。然而它们在一次次画展中得到的大部分还是轻蔑和不理解的批评，他已经习惯了生活在质疑的声音之中。但是，他的内心实在没有强大到刀枪不入的地步，他只是不把痛苦展现在表面罢了。正因如此，他对每一点肯定、每一点积极评价的声音，都铭记在心。他还记得普兹拜科夫斯基、梅尔格雷夫等朋友为他出版的《爱德华·蒙克的艺术》一书，那是一本几乎没什么销量的书，多亏了一个赞助商的解囊相助。1894 年，虽然为《潘神》杂志做插图的计划泡汤，但梅尔格雷夫执意为他的八幅铜版画出版了对开本画册。同样是在这年秋天，他在瑞典首都斯德哥尔摩办展览，在新闻界一片反对声中，一个叫唐·狄尔戈的人撰文："在对这次画展研究了一星期之后，我战胜了原来的怀疑主义，我终于理解了蒙克作品的本质。他极不重视作品结构及其清晰性、优美性、完整性和现实性。他以天赋的直觉力描绘出最微妙的灵感，所表现的主题是心灵上的斗争，也就是剧烈的苦难遭遇。"1895 年蒙克与加仑在林登举办联合画展时，有些人对他不被普通民众理解的命运表示了同情，他们说："蒙克是新艺术的殉难者，因为绘画不像语言这种媒介一样适合表达心理现象。"还说："蒙克的艺术是回忆和想象的联合，蕴含着诗一样的哲理，但对一般民众来说是不可理解的。"1895 年，他在克里斯蒂安尼亚举办回顾展，在黑猪酒吧时的朋友、现在的挪威国家美术馆馆长的詹斯·瑟斯，在一片舆论声中收购了他的《抽烟时的自画像》。巴黎《白人杂志》的编辑当时也观看了展览，对他表示鼓励，并把他的石版画《呐喊》刊登出来。

现在，他怀着忐忑的心情来到了巴黎。在这里，他曾过了三年的游学生活，他的艺术思想在这里成熟。那时，他在巴黎只是芸芸众生中最不起眼的一个流浪者；而现在，他要以一个画家的身份去冲击巴黎艺术界。他的版画作品初步受到了瞩目，他在 1896 年 2 月为法国象征派诗人波德莱尔的诗集《恶之花》作插图设计，为法国象征派诗人和散文家马拉美作版画肖像，还为易卜生的戏剧作品做广告图设计。易卜生和蒙克这两位艺术巨匠有着共同的遭遇，他们不约而同地在国内受到官方保守派的攻击，不得不到国外寻找艺术发展的新天地。

1896 年秋的巴黎独立沙龙画展，将是蒙克的作品第一次与法国公众见面。在这之前，他的名字首次见诸法国媒体，是一份叫《莫利丘》的杂志对他的介绍，这份杂志对 1892 年柏林那次展览进行过报道，引用了普兹拜科夫斯基对蒙克的评论文章的一部分，还出版过《爱德华·蒙克的艺术》这本书。很快，独立沙龙画展开幕了，蒙克展出了

10幅作品，包括《圣母》、《手》、《女人和死神》、《呐喊》、《吸血鬼》等柏林时期的主要作品。新发行的《黎明》周刊用一整页的篇幅专门介绍了《圣母》一画，把蒙克称为“挪威艺术界最引人注目的名人”。在独立沙龙画展还未闭幕时，梅尔格雷夫又带头催促他在新艺术沙龙中举办画展，此次展出了他的油画、版画和素描；斯特林堡为这次展览的作品写了一篇评论，发表在《白人杂志》上，还为每一幅展出的作品都配了一首散文诗。他说：“这位表现爱情、嫉妒、死亡和悲哀的深奥画家，经常是刽子手似的评论家蓄意误解的牺牲品，他们就像执行绞刑的人根据头的位置无人性地练习他们的杀人技巧。这次，他来到巴黎，是想寻求行家、知音，对于那些只能恫吓胆小鬼和软弱者的嘲笑，他丝毫不怕，勇敢者的盾牌会像太阳那样熠熠生辉!”

1897年1月，蒙克作为法国代表团成员之一参加了在克里斯蒂安尼亚举办的国际黑白画展，并展出了他的一幅版画。经梅尔格雷夫介绍，他又在比利时首都布鲁塞尔展出了7件作品。

1897年秋，蒙克又一次凭10张油画作品参加了独立沙龙画展，与一年前的10幅有重合，也有增减。这次，他的作品被安排在展览厅正厅的一个显著的位置上，得到了更多瞩目。随后《羽毛》一书刊载了《死于病房》一画，并指出蒙克是一个有趣的展览者；法国评论家爱多瓦德·格拉德写了一个很长的赞扬性的评论，后来也出了单行本，还于1918年编入了蒙克“生命”组画的小册子里；曾经拒绝过蒙克作品的柏林《潘神》杂志，这次也不再沉默，杂志驻巴黎记者为这次展览写了一篇文章，文中把蒙克与法国两位著名象征派画家奥蒂诺·雷东和保尔·高更相提并论。

种种迹象表明，蒙克已经在莱茵河畔有了一定的声望。特别是两届独立沙龙画展，引起了克里斯蒂安尼亚的新闻界的重视。一些原本就对蒙克很崇拜的激进派带着更大的热情为蒙克声援：一个挪威的艺术家竟然在距自己国家将近两千公里的地方找到他的艺术讲台，他竟作为法国的代表参加在挪威举办的展览，这不是对挪威王国的讽刺吗？

**法国卢浮宫艺术沙龙展**

发起于1890年，至今已有120多年历史，是目前世界美术史上历史最悠久、影响力最大的国际艺术大展，旨在呈现当代全球美术的现状和趋向。我国近现代书画大家徐悲鸿、林风眠、刘海粟、吴冠中等都曾入选法国沙龙艺术展。

巴黎的艺术活动为蒙克声名的提升起了破冰作用，蒙克决定再次在克里斯蒂安尼亚举办一个大型综合展览。1897 年 9 月，展览开幕，作品包括 85 幅油画、25 幅铜刻画、9 幅木刻画、30 幅石版画、5 幅锌版画等，共 180 幅作品。这次，敌意的嘲讽成了少数派。人们大部分还记得 1892 年那次分离派展览，短短 5 年时间，如此多的作品，谁能不为这位创造力如日中天的艺术家感到震惊？再者，随着世纪末的临近，社会气氛的日益紧张，人们越来越多地体会到蒙克早在 10 年前的作品中就已经流露的情绪。加之数年来现代艺术派别风起云涌，更多的现代艺术进入人们的视野，这些都使蒙克的作品对欣赏者来说不像以前那么难以接受了。毕竟，大部分人只是后知后觉，而不会顽固到底。一位曾经攻击过蒙克的评论家，在报纸上撰文，指出了人们与蒙克的一个新的靠近：“这里相当一部分作品都是以前展出过的，经过一段时间的认识后，我个人对这些作品的看法有了进一步的提高。一个人对某一时期不熟悉的事，总是渐渐习惯的，蒙克的艺术也是如此。如果一个人第一次看到它时就留下深刻印象，而且不是在自己已有的思想中去寻找它的位置，那么，渐渐地在他的思想中将会自然而然出现一个新的空间。”

我们要注意的是，现在蒙克只是初步有了一定的名声，质疑和批评他的人少了，但掌握着对艺术作品权威评判权的官方机构仍然跟他没有联系。普通民众只把他视为不可理解的众多现代艺术家之一，这时塞尚、梵高等艺术家也同样正生活在民众不理解的目光里。他们在艺术发展的道路上走得太靠前了，他们注定要经历长时间的被冷落、被忽略，才能在特定的时机被推向光辉的舞台。

## 第二节　冻结生命

在蒙克的艺术生命中，最中坚的部分，就是被后人称为“生命”组画的系列画作，前面介绍的大部分经典画作都属于这个系列，蒙克自己称之为“一首关于生命、爱情和死亡的诗篇”。有时，它们还被翻译为“粗糙的生命”、“生命的饰带”或“世态图”。这些画大部分构思于巴黎时期，诞生于柏林时期，在展览中常常被放在一起展出。

“生命”组画这个标题并不是一开始就有的，蒙克只是有一个总的思路和方向，这些画随着时间一幅一幅展现出来，这个思路和方向才愈加明晰。

早在1893年3月份，他准备在丹麦首都哥本哈根举办画展，就在给朋友的信中提到自己要展出“一系列作品”的意思，他说：“我相信，当这些比较难懂的作品放在一起展览时，它们将涉及爱情和死亡这两类丰富的主题。”这批作品中就包括了《孤独的人》(《海边的少女》)、《绝望》和《梦幻》。1893年12月3日，蒙克在柏林林登19号楼的几间房子中举办展览，这次展览中最吸引人目光的就是被命名为“爱”的一系列作品，包括《心声》、《吻》、《吸血鬼》、《圣母》、《绝望》和《呐喊》6幅，这是蒙克第一次真正意义上以系列形式展出他的作品。在展览后他又画了《分离》。1894年9月，他在瑞典首都斯德哥尔摩举办的画展同样有“爱”系列，但内容有所扩充，比如有《女人三相》、《手》、《男人与男人》等。1895年夏，他在挪威海湾阿斯加德斯特兰避暑，画了《灰烬》和《嫉妒》，也归入《爱》的系列。在多次展览中，他都根据展厅大小和自己的近期创作情况加以增减分合，保留着这个经典系列。他解释，自己的创作不是简单罗列，而是归纳为一个和谐的整体，戏剧性地通过想象的场景片段，展现出被隐蔽的思想事件，并以隐喻的方式，将没有显露的东西表达出来。

1898 年到 1899 年，蒙克到意大利作了一次旅行，回国后创作了《红色的美国藤》、《十字架上的基督》、《新陈代谢》、《生命之舞》等画，声称这是“‘生命’组画的结尾”。在 19 世纪末 20 世纪初，蒙克的绘画基本上没有了对以前个人经历的回忆式呈现，而是表现出一种大气、富有生命力、富有哲理的特点。或许是受文艺复兴时期意大利画家拉斐尔的影响，蒙克的画呈现出了巨幅装饰性的特点。

在《红色的美国藤》中，我们可以看到一座住宅，小路、篱笆、干枯的树干，一切似乎是写实的，但中央那座高高的房子却十分诡异。房子只有窗户，没有门，墙壁上爬满了红色的美国藤，就像火舌将要吞噬这座房子一样。画面的前景，是一个戴帽子的瘦削的男人脸庞，这张失魂落魄的脸在以前画的《嫉妒》一画前景中出现过。不同的是，在《嫉妒》中，这个男人背后是一对热吻的男女，而在这幅画中，是一座神秘的房子。房子中有什么秘密？男人为何出现这样的表情？画面象征着什么？谁也说不清楚。

《十字架上的基督》表现的是耶稣被钉在十字架上的

《红色的美国藤》，1898 年

《十字架上的基督》，1899 年

情景。幽蓝的天幕中浮动着凄惨迷茫的红色云带，天空下是一座鼓起的山丘。在天地相交的正中，裸体的耶稣正被钉在十字架上。在十字架的前方是熙熙攘攘的人群，他们有的悲哀，有的麻木，有的狂笑。蒙克把画面中的人群画得扭曲变形；所有人的头部都以十字架为中心，人物的面部涂上了纷乱的色彩。从构图上看，这幅画用了蒙克典型的扭曲动荡的线条，人物和山丘仿佛是广角镜头照出来的效果。从用色上看，较多用黑、红、蓝、黄等原色，显得狂热粗犷。蒙克生活在一个崇尚色彩的时代，各个画派的画家们率先冲破传统观念的束缚，采用极富激情的笔触与明亮的色彩来表现个人炽热而又强烈的思想与情感，蒙克在色彩运用上更是具有独特的艺术个性。这幅画可以说是反映了画家本人的处境，那个被钉在十字架上的人象征着画家自己，象征着一种崇高的精神。那纷乱的人群就像画家所处社会的广大民众，他们有的懵懵懂懂、浑浑噩噩，有的玩世不恭、游戏人生，有的杞人忧天、自寻烦恼，这是 19 世纪末工业社会城市中的普遍面貌。画中失真变形的人物形象、动荡的线条是不可能取自于现实世界的——它来自于蒙克自己“心里的地狱”。这种真实与虚幻的对比，给观者以强烈的感受。奥地利画家柯柯希卡曾说过：“蒙克是第一个进入现代地狱并回来告诉我们地狱情况的人。”

《新陈代谢》是一个给神话题材赋予生命的哲理的作品，蒙克说这幅画对于“生命”组画就像扣环对于皮带一样重要。这幅画是以希腊神话中美男子阿多尼斯的故事为题材的。塞浦路斯王与自己的女儿乱伦，当他发现女儿怀孕时，愤怒得想杀死她。她趁夜逃走，化作一棵树，罪恶的种子阿多尼斯便在树中孕育。阿多尼斯成长为一个美男子，爱神维纳斯对他一见倾心，他却不为所动。维纳斯便施展魔法迷惑了阿多尼斯，把他留在自己身边。她预感到阿多尼斯会遭遇不测，劝他不要冒险去打猎，阿多尼斯不相信，结果真的被箭猪咬死。维纳斯伤心欲绝，从此诅咒世间男女的爱情永远掺有猜疑、恐惧及悲痛。后来，维纳斯求得冥后允准，让阿多尼斯每年春天复活，到秋天再归冥府，于是阿多尼斯就成了每年死而复生、永远容颜不老的植物之神。在这幅画中，一对裸体男女站在一棵树两边，画中男子的形象使人联想到他拒绝的态度，女子则把手伸向地下，那里埋着一个骷髅。树的根部已经跟骷髅连在了一起。而在画框上方，则是一片绵延的城堡。阿多尼斯出生于树中，他又每年死而复生，树木从地下的骷髅中汲取营养。森林在死亡中重生，城市在树顶后矗立，生和死在

《新陈代谢》，1899 年

这里形成了一个完整的连锁：新陈代谢。

《生命之舞》是蒙克所画的“生命”组画的最后一幅，也是“生命”组画中规模最大、最具野心的一幅，宽 125 厘米，长达 190 厘米。这幅画的灵感早在十年前就产生了。那是 1889 年的时候，蒙克在巴黎观看人们跳舞的场面，他感到跳舞的景象酷似他努力想要表现的生活本身，于是他在画中用这个舞蹈的场面，展开这样一个缠绕生命的中心主题：渴望、成功和绝望的生命循环。这是夏天的时节，海边的绿地上，人们翩翩起舞。画面的近景安排的四个布局严格对称的人物，是作品要表现的重点。左边，是一个穿白衣的年轻姑娘，她脸上带着处子那纯真的笑容，正期待着恋爱的发生，感受着幸福的遐想。她面前的草地上伸出一枝娇嫩的花朵，寓意着含苞待放的生命。画面中央是一对正缠绵在舞蹈中的男女，女人那火红的服装点亮了整个画面，她正沉迷在恋爱中，就像一团燃烧的爱情的火焰，散发着激情。画面的右侧，是一位身穿黑色服装的女人，她的面部线条坚硬而有棱角，布满憔悴绝望的神情。她站在那里看着中央的情侣，孤寂落寞。画面后景中，一对对男女正在月光下忘情疯狂地舞动，沉溺在无边的狂欢中。这个画面用舞蹈的瞬间来象征人生中的哲理，画中的三个

《生命之舞》这幅画的人物原型，也与蒙克的感情经历相关。画面前景的三个女人形象都是以他当时的恋人图拉·拉森为原型的，画面中间与红衣女子共舞的就是蒙克自己。黑衣妇人后面那个身材肥胖、样子猥琐的绿脸男子，原型是蒙克的一个朋友，是他把漂亮的图拉·拉森介绍给画家的。现在有不少蒙克的文字笔记和画作，都显露出这位敏感的画家对这个人的带有病态的嫉妒，蒙克觉得他是与图拉有染之后，才把她介绍给自己的。这个阴影笼罩在画家的心上，对他无疑是一种熬煎。

《生命之舞》，1900 年

女性就像不同人处在不同的生命状态，又像同一个人在人生中经历的不同阶段。白衣少女代表没有人生经验、充满憧憬的状态，红衣女子代表走向欲望旋涡、处于人生巅峰的状态，而黑衣老妇代表失落、枯萎的人生状态。这是一个永远的循环。

1902 年，“生命”组画的集结号吹响了，它们有了一次大规模集体亮相的机会，这就是在柏林举行的分离组织画展。当年蒙克柏林画展之后，柏林美术家协会内部分裂，利伯曼和雷斯提科等带领的年轻艺术家们纷纷脱离官方正式的艺术家组织，形成了柏林“分离派”。现在，在他们的安排下，蒙克的作品进入了分离组织的展览室。它们被挂在入场厅四面的墙上，镶在一个个白色的画框中，这些画框是蒙克亲自设计的，大小和颜色都微有区别，又按照画幅关系把它们联系起来。在展览目录中，蒙克给它们总命名为“壁缘——一组来自生活中的作品”。左边墙上的小标题是“萌发的爱”，包括《星月之夜》、《红与白》、《相对而视》、《吻》和《圣女》；前面墙上的小标题是“爱之开花与融化”，包括《灰烬》、《吸血鬼》、《嫉妒》、《女人三相》和《忧郁》；右边墙上的小标题是“生命之敬畏”，包括《呐喊》、《焦虑》和《红色的美国藤》；后面墙上则是名为“死亡”的一组作品，像《弥留之际》、《死于病房》、《女孩和死神》以及《死去的母亲和孩子》等。一直到1905年，“生命”组画总是蒙克画展中不可缺少的一部分。根据各次展览房间的形状和型号以及作品当时的适用性，蒙克从中选取一些作品参加各次展出。

但是这并不代表着“生命”组画就只包含这22幅图，他永远认为这是一套没有收尾的作品。他心目中希望有一间容纳这些画的大厅，使每一幅画既独立又不损害整体效果，但是这个大厅永远像海市蜃楼一样，是不可能建成的。他曾给一个收藏了他很多“生命”组画作品的朋友写信说：“这些作品实际上都是作为整个壁画装饰的模型的，我偶然想到了在我心目中已怀有很长时间的一个设想，那就是把我的画变为一个艺术教堂，而教堂中的壁缘就用你已经收藏的我这些作品，我已经设想出了一个圆形的大厅——建筑的材料将采用松树和冷杉。”他希望自己的大型艺术能够对社会产生作用，当他听说国家要建新的市政大厅时，他为市政大厅的计划提议者和设计师各画了一幅肖像画，但是最终他也没能在市政大厅中完成自己的愿望。

但是在后来他为人设计的很多壁画装饰中，“生命”组画中的元素还是经常出现。他在接触版画以后，对很多画进行了再创作。他把“生命”组画视为自己生命的一部分，所以到了晚年，他重新画了一些已经出售的作品的复制品，保存在自己的画室里。1918 年，蒙克出版了“生命”组画的小册子，回顾了自己三十多年来的艺术历程，还把自己曾为安放“生命”组画设计的建筑草图也收录进来。他说：“一半的作品都是有联系的，以致很容易把它们结合起来形成一长幅单独的作品，那些有海滩和树木的作品，都是用同样的色调来表现。夏夜的景致表现了一种和谐，树木和海洋显示出垂直和水平的线条，海岸和它上面的人群表现出了一种生命的波浪起伏，富有生气的情调和明亮的色调与画幅表现出来的和谐产生了共鸣。”

## 第三节　彻底告别爱情

“爱”是蒙克画作中不可或缺的主题，一系列关于男女的爱与痛的画深刻地撞击着人的内心。初恋的那段刻骨铭心的经历、亲眼见证的身边朋友与女人之间的爱恨纠缠，让他似乎过早地从爱情甜蜜的表象中看到了爱情对人们的摧残。当年与有夫之妇米莉的恋情结束后，他为了麻痹自己，曾与一个女画家交往，但占据他头脑的不是爱情，而是嫉妒，这段短暂的关系自然没有任何结果。在接下来的大约十年中，他的主要精力用于艺术创作，虽也曾遇到过动心的女人或有过露水情缘，但从来也没有再次真正尝试爱情的机会，直到遇到图拉・拉森，他才开始一段火热又悲剧的爱情。

1897 年，蒙克在克里斯蒂安尼亚认识了图拉・拉森，挪威一位大酒商的女儿。这时的蒙克已经 34 岁了，摆脱了年轻的青涩，沉淀了岁月的成熟，散发着一位经历丰富的艺术家的魅力。而图拉出身富裕家庭，受过良好的教育，落落大方，充满活力和自信。她毫无拘束地对蒙克表达了自己的爱意。一开始，蒙克并没有太在意这段感情，以为也会无疾而终。但是，随着跟图拉交流的增多，他发现这位漂亮的姑娘不但慷慨大方、热爱生活，而且有着良好的艺术和文学素养，也常常往来于柏林、巴黎等地，在艺术界和文学界结交了很多和他共同的朋友。无论从哪方面讲，她都是一个值得长期保持稳定感情的对象。有时，他甚至开始浮现出与她结婚的念头。但是，内心深处对爱情、对疾病、对死亡的恐惧却时常会跳出来阻碍他。这天，图拉终于主动开口："亲爱的，我们在一起这么长时间了，你看我是个合适的妻子人选吗？"蒙克说："当然。""那么，你什么时候向面前的女士求婚呢？"蒙克一时间不知所措。他能看出图拉对婚姻的渴望，她对他的占有欲是那么强烈，以至于主动提出了结婚。可是，在这时，蒙克却发现，一想到婚姻，自己就不可抑制地陷入恐惧。婚姻意味着家庭，可是他的成长经历却决定了他不可能去期许一份安宁幸福的家庭生活。他自小在病痛中长大，母亲、姐姐、父亲接连去世，疾病与死亡的阴影在心头挥之不去；就在两年前，弟弟彼得结婚六个月就去世，这也加深了他对婚姻的恐惧。处于这种状态下的蒙克怎么可能接受紧张的情感纠缠？他感到自己的生活受到了彻底的侵扰，于是他退缩了，他要避开这样一场残酷的猎捕，使自己的世界恢复平衡。所以，他对图拉提出："我现在事情太多，还是以后再说吧。"这意味着委婉地提出了分手。他狠心地扭转头去，不忍看图拉那痛苦的表情。他甚至有些懊悔自己为何这么无情。与图拉的分手使敏感多愁的蒙克更加痛苦，因为逃避本身是另一种灾难的折磨。于是，他在伤感、阴郁、混沌与孤独的世界中，不可避免地陷入酒精所酝酿的苦海中，也许只有酒精才能稍稍麻木一下他那颗伤痕累累的心。但是，对酒精的依赖，也使蒙克的健康在这样毫无节制的狂醉中饱受摧残。

而图拉也在经受着思念的煎熬，她不甘心就这样结束。于是，1899 年，蒙克到柏林，途经巴黎时，图拉似乎是意料之外地再次与他相逢。“平心而论，你难道不想我吗?”看着图拉热切的眼神，蒙克没有正面回答，而是说：“我最近想到意大利走走。”“哦，太好了，那里是欧洲艺术的源头，也是文艺复兴的中心，你到那里肯定会对你的艺术有新的启发。我陪你去吧，我也正好想去旅游一圈呢!”蒙克再也想不出拒绝的理由，于是，这年夏天，他带着含混的态度与图拉踏上了意大利之旅。一路上，图拉心情大好，蒙克却情绪低沉，神经越来越衰弱。到了佛罗伦萨，他觉得自己病情严重，便趁机对图拉提出，自己需要疗养一段时间，让她先回巴黎等她。修养过后，蒙克继续旅行到罗马，秋季和冬季都在挪威的疗养院度过。次年 3 月，当蒙克逐渐康复的时候，一封来自柏林的情意绵绵的信随着春天的气息来到他的床前。图拉说，她陷入对他的思念中无法自拔，甚至生了病。“亲爱的，我看出你是爱我的，你为什么不能和我结婚呢？到我身边来吧，我需要你的照顾。”蒙克被图拉感动了，他来到她身边，真诚地向她倾诉了自己童年家庭生活的悲惨、自己对婚姻的恐惧。图拉说：“让我们先在一起生活一段时间吧，也许真正面对的时候，你会不知不觉地接受它。”他们到南方进行了一次旅游，但从蒙克的日记来看，这并没有给他带来愉快：“还在小时候，我就憎恨结婚，我的多病而又神经质的家，使我感到自己没有享受婚姻的权力。我们待在德勒斯登——在一家旅店里，我已是一副无精打采的样子，整天喝得酩酊大醉，然后就是谈情说爱，这使我变得日渐虚弱。”图拉一边照拂着躺着床上的蒙克，一边询问着蒙克对两人婚姻的态度：“我相信我会给你一个温暖的家庭，我们还会有很多可爱的儿女……”这句话却使蒙克几乎歇斯底里：“你难道不知道我的外祖母和母亲、姐姐都死于肺结核？你难道不知道我从小到大几乎从来没摆脱过病痛的折磨？我们这些身体不健康的人能够以带着病毒的生命之躯建立起一个新的家庭——一个将危害后代的家庭吗？”蒙克无论如何战胜不了自己的恐惧，还是乘飞机离开了图拉。

在接下来的两年中，蒙克带着对图拉感情的遗憾，把精力投入辗转各地办画展中，慢慢疗养着这段感情的伤口。

1902 年，他在柏林举办了大型“生命”组画的画展。一个从克里斯蒂安尼亚来的朋友带来一个让他震惊的消息：图拉快死了！她已经病入膏肓，希望能在临终前见他最后一面。蒙克忍住悲痛，迅速赶回了挪威。但是，当他见到她时，才发现她根本没病。她苦苦诉说着自己的思念，她已经为爱虚脱、为爱痴狂。被欺骗的蒙克情绪也到了崩溃的边缘。在极端的情绪中，图拉拿出了手枪要自杀，蒙克的脑袋“嗡”的一下蒙了，急忙上前争夺。就在争抢的过程中，手枪走火了。鲜血、疼痛、剧烈的火药味，使这混乱的争执归于平静。这一枪，打掉了蒙克的左手中指，也彻底结束了这段纠葛的感情。后来，伤心绝望的图拉和把她介绍给蒙克的那位朋友去了巴黎，还有一位蒙克的年轻同事也跟去了，第二年，他娶了图拉。

1905 年，蒙克创作了《和图拉·拉森在一起的自画像》来纪念这段爱情。在这幅画里，蒙克采用了他一贯使用的凝重风格的色彩，人物占据了画布大部分的空间，蒙克的表情冷峻、无奈，显示出他要离开这段没有结局的爱情的决心；图拉愁眉不展，一脸悲哀，眼眶里似乎还噙满了泪水。蒙克和图拉身后的中间位置，蒙克还画了另一个自己，这个他面部轮廓不清，被涂上了青色的颜料，正忧伤地注视着蒙克和图拉。这个虚拟人物的出现，反映了蒙克和图拉在一起时的矛盾心理。整个画面被巨大的痛苦所笼罩，爱情梦想难以实现的悲哀情绪扑面而来。

由于在与图拉的冲突中伤到了手指，伤口时常隐隐作痛，这提醒着蒙克这段失败的爱情，因此蒙克对图拉甚至也怀有一些恨意。当图拉和朋友离开他到巴黎时，他觉得有一种众叛亲离的感觉，后来索性在笔记中称她们为“奸党”。他后悔自己为何要有这样一段感情，如果没有，那么他还可以像前些年一样，继续奔波在欧洲各地，生命中只有自己的画。但是，时间不能倒流，经历过的东西，永远不会成为空白。图拉就像一个女杀手一样，彻底终结了他的感情生命。对图拉的爱和恨，使他的精神更加饱受摧残，久久无法恢复，直到 1908 年精神彻底崩溃。

从蒙克在枪击事件发生几年后创作的《马拉之死》这幅画中，我们也可以看到这次事件的影子。马拉是法国大革命时期雅各宾派的主要代表，他一直用措辞激烈的政论文章鼓动革命的暴力，后来在一天夜里被一个保皇派的贵族女子刺死。包括法国画家达维特在内的很多画家都以这次历史事件为题材作过画。而蒙克的《马拉之死》呈现却是一个特别的画面。画面中躺在床上的裸体男人就是他自己的形象，床单上弥漫着血迹，由于透视法的运用，他的形象使画面呈现了强烈的纵深效果。而站在前景中的裸体女人就是图拉的形象，她双手下垂，面部表情僵硬，像蛇的红信一样的头发让人想到蒙克的那幅《吸血鬼》。画幅中各个部分都可以在蒙克关于那次枪击事件的笔记中找到根据。比如画面中的桌上放着的水果，实际就是图拉在开枪之前端上来的；旁边还有一顶华丽的帽子，也是图拉的。

与图拉感情的结束，象征着蒙克此生与爱情的绝缘。作为一个具有艺术气质、长相英俊的美男子，蒙克并不缺少女性的青睐，直到晚年，他还与一些女模特保持着暧昧的关系，她们有的年轻活泼、纯真可爱，有的妩媚动人、狂野奔放，有的还为他当过管家。但是她们都仅仅是过客，聊以慰藉和游戏人生罢了。蒙克一生都在爱与孤独之间徘徊。他把现实世界中得不到的爱全都贯注到画面中，一幅幅姿态各异的女人表达着他对女人的困惑和矛盾。

《和图拉·拉森在一起的自画像》，1905 年

《马拉之死》，1907 年

《柳条椅旁的模特》，1921 年

## 第四节　“一扇明亮的艺术之窗向我打开了。”

1902年夏，蒙克与图拉·拉森在他克里斯蒂安尼亚附近的公寓阿斯加德斯特兰发生争执，手枪走火，给他造成肉体和精神的创伤，他因此住进疗养院，直到秋天才出院。这时，德国的一位叫马克斯·林德的眼科医生向他发出了邀请，请他到自己家来以他的家庭为题材画些作品。

林德医生是蒙克在柏林时经一位神秘艺术爱好者克尔曼先生介绍认识的。克尔曼为蒙克作品销路的打开做了孜孜不倦的努力，蒙克对他非常信任。而林德医生，一个很有气质的绅士，也让蒙克很有好感。林德医生的家在吕贝克，德国北部的一个旅游城市，那里保留着迷人的中世纪建筑。蒙克从来没有去过那里，他认为自己正好可以在这个陌生的地方淡化过去的记忆，开始一段新的生活。

一来到林德医生的家，蒙克就发现自己的决定是明智的。这里的人物、景色都让他觉得安宁舒适。林德医生家拥有宽敞的住宅和美丽的花园，装修极其富有情调。他的妻子林德夫人热情友好，是个贴心的女主人。“您花园的雕塑真是优美极了，您的家就像一个艺术品。”蒙克由衷地赞叹道。“呵呵，过奖了。实际上，我确实收藏了不少罗丹的雕塑作品和图片，不过我收藏的现代法国艺术集才是最有代表性的。另外，蒙克先生，您的作品也是我收藏的一大爱好，当您有新作品时，一定要记得让我优先购买哦！”这时，四个小男孩从房间里鱼贯而出，他们一个个精神十足，有着健康的脸色和神态，大大的眼睛里流露出稚气的好奇。蒙克道：“这就是您跟我提起的您的四个孩子吧！他们真是太可爱了。”林德医生疼爱地看着儿子们，点点头：“我希望您能在明年我妻子生日之前给他们画一幅肖像，作为她的生日礼物。我想，没有什么能比这让做母亲的更喜欢的礼物了。”“没问题，我一定尽心尽力地完成！”

就这样，蒙克在林德医生家住了下来。他以林德医生的房子和花园为题材创作了14幅铜版画和两幅石版画，为他和他的家人画了很多肖像。在空闲时间，他和林德医生一起鉴赏艺术品，讨论哲学和心理学。他们成了亲密的朋

《林德医生》，1904 年

《林德医生的四个儿子》，1903 年

《依娃·缪多茜》，石版画，1903 年

友。而林德医生也成为蒙克的第一个重要的赞助人。他跟那些画商不同，他是纯粹为了艺术而支持他，他还写下了《爱德华·蒙克与未来的艺术》一书，认为蒙克对未来艺术的重要性已日渐显示出来。蒙克在林德医生家住到1903年初，直到为了去巴黎参加春季独立沙龙画展，才不得不暂时离开一段时间，四月份又回到这里，完成了那幅著名的肖像画《林德医生的四个儿子》。夏天，他回到克里斯蒂安尼亚，一直跟林德医生保持着通信往来，还接受了为林德医生的几个孩子所住的托儿所设计壁画的委托（不过后来，由于壁画内容太过成年化而没有被采纳）。当林德医生听说他也开始尝试做雕塑时，还专门从德国给他寄来了两包雕塑用的黏土。

蒙克在1903年和1904年两次参加了巴黎的春季独立沙龙画展，都受到了普遍欢迎，并引起了正在兴起的野兽画派艺术家们的注意。野兽派是19世纪末20世纪初在法国盛行的一个艺术流派，代表人物是马蒂斯。他们热衷于运用鲜艳、浓重的色彩，甚至把颜料直接挤到画布上，用直率、粗放的笔法，创造强烈的画面效果，充分显示出追求情感表达的表现主义倾向。蒙克当时在巴黎结交了小提琴家依娃·缪多茜，她在好几年的时间里做蒙克的向导和

**德国魏玛**

魏玛，德国小城市，拥有众多文化古迹，曾是德国文化中心，歌德和席勒在此创作出许多不朽的文学作品。著名景点有歌德故居、包豪斯博物馆等。在德意志历史、文化和政治上具有无可比拟的重要地位。

同伴，同时她也是马蒂斯的好友和模特。马蒂斯的绘画风格转变的时间就是在1904年前后，由正规、约束转变成了自由不羁。马蒂斯在1905年的秋季画展中一举成名。

蒙克的名声逐渐在德国打开，委托他画肖像画的人接踵而至，其中就包括德国魏玛艺术研究学会的主任，同时也是魏玛公爵艺术收藏馆的领导。1904年春天，蒙克在魏玛受到热烈欢迎，并被引进了宫廷，与一些有名望的人交往，包括哲学家尼采的妹妹福斯特·尼采。她是个外交家，还是易卜生的翻译。这里的公爵们对裸体艺术很感兴趣，所以这年夏天，蒙克画了一幅以浴中的男子为内容的作品，模特是蒙克本人和他的一些朋友。这是一幅大型画幅，宽达两米，长达三米。这幅画后来果然被魏玛公爵艺术收藏馆收藏。蒙克趁热打铁，又在秋天分别在哥本哈根和柏林举办了肖像画展。紧接着，他又参加了奥地利首都维也纳的分离派画展。1904 年底，好消息再次降临：布拉格的马奈艺术协会邀请蒙克来举办展览。第二年春天，蒙克如约踏上了前往布拉格的道路。布拉格是捷克的首都，著名的东欧城市。这次展览也是蒙克艺术生命中最难忘的经历之一。在这里，他展出了 75 幅油画和 55 幅版画，人们对这些作品报以热烈的欢迎，对画家本人的经历也产生了浓厚的兴趣，他被议论着、称赞着，以至于布拉格的市长允许蒙克可以随时使用他的专车，邀请布拉格的“波西米亚人”群体中最漂亮的女士做他的向导。

1904 年也是蒙克的版画销售的丰收年，这要归功于鉴赏家古斯塔夫·斯基夫勒的大力推荐。他的一片热忱使蒙克的版画像雪片纷飞一样地抛售出去，仅一二月份的汉堡推介会上就卖出八百张之多。他还从各种画商和出版商中搜寻蒙克的作品，为这些作品编制目录。

从这时起，蒙克基本上得到了欧洲特别是以德国为中心的中欧地区的接受。从各方面来看，这都是一个好的发展势头，遗憾的是，他的身体和精神在随后几年走向崩溃，这是后话。1904 年圣诞节，他为自己画了一幅《拿画笔的自画像》。画面用黄蓝色调交替的背景，把前景人物衬托得意气风发。在这幅画中，他手拿几支宽宽的画笔，身材挺拔，神态自信，似乎随时准备去工作。经过许多年的挣扎，蒙克的艺术就像冬雪融化一样，滋润了整个德国，他是这样描述的：“经过 20 年的挣扎和痛苦，在德国我终于寻求到了帮助——一扇明亮的艺术之窗向我打开了。”

1905 年，他收到挪威一位艺术收藏家的委托，为已经去世的德国哲学家尼采画一幅肖像画。按照蒙克的创作习惯，这是一幅不同寻常的作品，因为他最擅长的是在肖像画中抓住人物的动态个性特点，但现在他要根据尼采生前的照片和其他人为尼采画的肖像来完成这幅作品。他顺利地完成委托，并将这幅作品拿到柏林参加展览。1906 年，他收到柏林新建的里恩哈特剧院经理的邀请，为剧院房间设计壁画。另外，由于易卜生的《群鬼》一剧即将上演，他又为剧院设计绘制了舞台背景。这些作品于 9 月初次面对观众，获得了巨大的成功，里恩哈特对蒙克大为赞赏，并将布景作品陈列在剧院的休息室里。不久，蒙克又为易卜生的另一部剧作《海达·高布乐》再次进行了舞台设计工作。在进行这些工作时，蒙克已经有了精神崩溃的迹象，这些工作都是在疗养的间歇断断续续完成的。

## 第五节　精神崩溃之路

也许有人会想，在 19 世纪末 20 世纪初，当蒙克逐渐在欧洲声名鹊起、他的一些经典作品也逐渐打开销路的时候，这位多灾多难的画家该享受一下优裕舒适的个人生活了吧。但实际上并非如此。恰恰相反，他多年积累的精神和身体问题，使他经历了一次接近毁灭的崩溃。

我们在这里可以回顾一下他这大半生所经历的个人苦难：幼年丧母，青年丧父，感情亲密的姐姐、妹妹、弟弟接二连三地死亡或罹患精神病，家庭生活凄苦窘迫，缺乏温情；经历多次失恋的打击，爱情一无所获，精神的孤独可想而知。同时，他自己也被多种疾病缠身，肺病、支气管炎、神经衰弱，加上抽烟、酗酒、浪荡的生活，这些都时时威胁着他的生命。同时，贫困也长时间地伴随着他，自己的艺术追求被人们攻击，在很长的时间里被视为异端，在自己的祖国遭到舆论的强烈抵制——这一切加之于一个人身上，还有比这更悲惨的人生吗？也许普通人早就被击垮了。而蒙克却一直在抗争，在坚持，他用画笔诠释人生，排遣心中郁积的苦痛。这条路，他走得艰难无比。他在1892年背井离乡，在将近二十年的时间里，把人生的黄金年华洒在了追求艺术成功的道路上。从1892年到1908年，他的足迹遍布欧洲，在斯堪的纳维亚半岛、德国、法国、比利时、奥地利、意大利、俄国、捷克斯洛伐克进行了106次展览。没有任何一位别的艺术家能像蒙克这样，在这么长时间里进行了如此广泛的旅行，而且是一边创作着杰作一边承受着批评和冷遇，这是其超人意志、力量和决心的纪录，是他比一般的天才能够体验到的更强烈的冲动的纪录。

但是这个纪录的保持不是一帆风顺的，他始终像行走在悬崖的边缘。内向、忧郁、敏感，这已经是他的常态，稍稍不注意，他就会对自己的精神失去控制。还在柏林黑猪酒吧时期，他就有一段时间患上了旷野恐惧症。他害怕在空旷的大街或广场上行走，走路总是贴着墙；他的脾气时好时坏，有时会跟人陷入无谓的争执。1902年的手枪走火事件之后，他一蹶不振，花了很长一段时间才恢复过来。

后来，随着在欧洲逐渐受到欢迎，他经常参加各种聚会、庆典，大量地饮酒、抽烟，神经系统因过度劳累而受到损害。他的生活漂泊无定，有时卖出画作或接受绘画委托，得到一笔收入，他就过得奢华糜烂；很快，钱花完了，他又陷入困顿之中。

1904 年，蒙克跟画商凯瑟雷就德国的版画出售权签订了一个合同，第二年又与画商科米特在汉堡的沙龙艺术馆签订了关于油画出售问题的合同。他的朋友克尔曼先生和林德医生听说这件事后都表达了深深的担忧，他们觉得在合同生动的措辞背后，隐藏着很多问题；合同一旦签订，会大大减少他对工作的热情和能力。根据合同规定，画商负责作品的销售，所有在德国和奥地利出售的艺术作品都必须付佣金，包括蒙克私人出售的那些作品。过了不久，蒙克开始感受到自己已经完全处在画商的控制之下，他想搞个人画展，也被画商阻止。被束缚的蒙克向林德医生倾诉自己的苦恼，而林德医生已经看出，他的精神问题不全是因为画商的原因，他建议蒙克道："趁现在没有什么事做，你还是去进行一段长时间的治疗吧，把你周而复发的酗酒习惯和精神问题解决掉，否则对你的艺术创作是毫无益处的。"他听从了建议，陆续在 1906 年、1907 年进行了疗养，但效果时好时坏。他在1906年住在德国中部城市图林根期间，画的一幅《在酒馆里的自画像》是他当时精神状态的真实写照。画面中的蒙克坐在一张有酒瓶的桌子前，脸色黑红，眉头紧皱，垮着肩膀，一双手懒散地交叉着搭在膝盖上，整个姿态和神情，都流露出一种疲惫无力的感觉。那间狭窄的酒馆似乎压迫着他，身后红白绿颜色的对比也突出了忧郁的气氛。跟1904年那幅踌躇满志的《拿画笔的自画像》相比，画中人物真是判若两人。

1907年春天，在林德医生的帮助下，蒙克终于与画商解除了合同。这年夏天，他来到德国北部波罗的海沿岸的一个海滨小镇。这里是从一个渔村发展而成，至今保留着淳朴的气息。他以那里的海滩、渔民、小动物为素材，画了不少写实主义的作品，精神得到了暂时的缓解。但是，一回到柏林，来到嘈杂的都市环境中，他就感觉自己又被淹没在焦虑的人群中了。他坐卧不安，一睡着就做噩梦，醒来就到饭店去喝酒，有时还跟饭店的食客争吵。

到了1908年，他的精神已经到了崩溃的边缘。他后来回忆道："夜晚的时候，我漫步街头，独自饮着酒，内心空虚而惆怅。我知道，自己已经处于一种茫然与迷乱的状态中。跟随着一个女人，我走进了一幢气氛不好的房子。

《在酒馆里的自画像》，1906 年

对旅馆中的那些女仆，我显然做了不应该有的行为。在一间大舞厅中，我蛮横地耍弄一个女招待。我也知道，这是我常常在一种无意识的状态下发生的行为，但是这样的事过去时常发生。”当他清醒时，他为自己的行为懊悔不已，也紧张后怕，他真怕自己就这样疯了，神志再也清醒不回来，从此被关进疯人院。他的幻觉越来越严重，经常觉得后面有人在跟踪他。他不敢从容地走路，因为怕跟踪他的人追上来迫害他。除了幻觉和迫害妄想症以外，他的一条腿竟然也出现了麻痹。

就在他即将掉进深渊的危险时刻，一个朋友规劝他，向他推荐了一家神经诊所。这间诊所设在哥本哈根，主治医生是雅各布森医生，他的病人来自整个斯堪的纳维亚半岛，很多精神方面有障碍的艺术家们都在这里治疗过。1908 年 12 月，蒙克走进了这家诊所。出人意料，这里跟他想象的冷冰冰的医院完全不一样，对病人照顾非常人性化，膳食和盥洗设备也都很周到、很先进。在这里，他在医生的建议下进行了长达八个月的疗养，接受了电疗、按摩等治疗。蒙克在这里感到安全，心情也好起来，兴致勃勃地把自己接受治疗的情景画成素描画寄给家乡的姨妈。

一开始，他只被允许在室内活动，但是医生鼓励他在房间里搞创作。于是，他的房间成了一间画室，摆放了很多油画、版画作品。他还给雅各布森医生画了一张肖像画。在这里，他也画了正在恢复中的自己，这些作品就像一次不屈不挠的自我审查，就像一次对侵袭自己精神和肉体的恶魔的斗争。医院里的一些病人对蒙克的名声有所耳闻，纷纷对他表示尊敬和友好，生活就像射进窗户的阳光一样重新回到了他身边。身体状况好些了以后，他被允许到室外活动。据哥本哈根一位印刷工回忆说，这位艺术家经常到他们作坊来印刷自己的作品，他穿着件大风衣，戴着顶大礼帽，总是彬彬有礼，为人友善。

这次哥本哈根的治疗是对蒙克的一次拯救。从此以后，他戒除了饮酒的习惯，身体健康状况得到了好转。更重要的是，这也是他的精神和画风的转折点。从这以后，他又精神饱满地给大家带来了新的视觉体验。

# 第6章：一轮重新升起的太阳

## 第一节　新的色彩和画作

1909年夏天，挪威南部海岸的克拉吉迎来了一位游客——从哥本哈根出院的蒙克。他在结束了长达八个月的疗养后，身体和精神完全恢复了。当迈过这次难关以后，他回首以前的人生，觉得长期缠绕在自己身上的郁积忧闷的情绪从此告别了。在疗养院里，他过着规律的生活，画着自己喜欢的画，病房里的病人都对他流露出钦佩之意。这时，祖国的朋友再次给他写信，请他结束漂泊的生活返回家乡。是的，流浪大半生的他如今也该休息了。但最终促使他做出回国决定的，还是那只“从祖国伸出的手”——1908 年冬天，当他还在疗养院度过康复期的时候，他的祖国授予他皇家圣奥拉夫爵士。

于是，出院以后，他沿着挪威南海岸进行了一次旅行，并停留在了克拉吉。他站在克拉吉海边，望着那五颜六色的礁石，感受着熟悉的带着咸味儿的海风，不禁感慨万千：自己终究是属于北欧这片浪漫而神奇的土地的，他的头发的颜色是北欧阳光的颜色，他的眼睛的颜色是北欧海洋的颜色。这里的冬天黑暗漫长，有着世界上最震撼的极光；这里的夏天缤纷多彩，有着世界上最纯净的阳光——这些都是他骨子里的记忆！当他的身体获得重生的时候，世界的色彩也变了！

蒙克在这里买了一间大木房子，跟大自然充分亲近。这天，他在波西米亚时期的老朋友杰庇·尼普森前来拜访。蒙克见到老友格外兴奋，给他指点着自己的房子和周围的森林、山峦。“来，我们一起到森林里走走！”两人沿着小路信步走着，目光所见，风光旖旎，四周的山峦带着一种原始而充满活力的美感。山间石头上耸立着几棵古老的树木，虽然树干已被多年的风雨剥蚀，但仍然挺拔地耸立着，显得愈加壮观。尼普森由衷赞叹道：“你可真是会挑地方啊，这里真美！就是太偏僻了，不好往来。你现在已经是公认的艺术家了，我相信你回国的消息一传开，拜访者一定少不了。”这时他们已经走到了森林的边缘，远处隐约传来伐木机的声音，但这厚重辽阔的森林把那声音隔得很模糊。蒙克踩着地上厚厚的落叶，抚摸着挺拔的树干，豁达地摇摇头：“我选择这里就是想好好清静一下。我已经走过了太多嘈杂的城市了。你是我特许的访客之一，除了几个知交好友，我不想有任何社交联系。哦，对了，我准备给你画一幅等身的肖像画。我也已经向其他几个朋友发出邀请了，我在给克里斯琴·克罗夫的信里写道：来吧，你将在码头看到一个精力充沛、十分活泼的年轻人迎接你，那个人就是我自己！”尼普森听完，会心地一笑，他由衷地为蒙克此时的状态而高兴。

从这以后，蒙克的画风出现了转折，以往那阴郁的调子荡然无存，转而变得明快有力。这一时期，他以克拉吉周围的景色为题材画了很多风景画。以前，他把作品称为自己的“孩子”，现在，他把自己的风景画称为“自然之子”。在克拉吉，他画了大量以森林为主的画面，比如《黄色的圆木》一画，一片白雪覆盖的森林中，一根根挺拔的柏树远近错落有致地耸立着，地上则是两株已经砍伐下来、刨去了表皮的木材。这幅画的透视手法用得特别好，夸张的手法，增加了森林的纵深感。更迷人的是画的用色：上方是墨绿的树顶，中间是棕色的树干，突出了森林的悠久厚重；地上的团团白雪和雪地上树干的影子，让人仿佛看到了刺眼的阳光，突出了森林神话般的色彩；纵贯画面的金黄的木材，则突出了森林的富饶和活力；而倒下的树干和挺立的树干之间，又形成了动与静的对比，让人仿佛在画面之外还能听到伐木机的轰鸣和工人的口号声，那个声音恰到好处，既充满活力又不打扰大森林的宁静。

大约在1910年到1911年之间，蒙克又在距克里斯蒂安尼亚很近的一个叫维兹登的海湾买下了房产。这里土地肥沃，有很多大片的农场，生活在这里的主要是纯朴的工人和农民。农场里的鸡、鸭、鹅、鸽子、狗、火鸡、骡马等动物都成了画家的素材。在这里，他感受到了人、动物、自然之间的和谐温馨。他自己也养一些小动物。他说："年纪越大，就觉得和动物之间的区别越小。"在这里耕种的农民、在农场劳动的工人，也提供了题材的新世界，《春犁》、《马队》、《人与马车》、《洗衣女工》、《播种》、《干草的收获》等画作相继问世。这时期的代表作是《归途中的工人们》，描绘了一群正以稳健的步伐迎着画面走来的工人，他们的衣服是深蓝色调的，与两侧红黄相间的街道建筑形成对比，显得非常有力度。他们面部线条硬朗，精神严肃，似乎正以一种永不停息的、不可阻挡的气势向前迈步。画的布局和造型都成功地表现了工人的动态。这种布局方法蒙克经常使用，就像电影的拍摄画面一样，让观者和画面中的人物面对面。他还用类似手法画过一幅《奔马》图，途中没有用常见的侧面构图法，而是用优雅而充满力度的笔调，描绘出一匹矫健的骏马掠过路边的几个小孩向观众迎面奔来的画面，动感十足。

维兹登的海滩不像克拉吉那样遍布礁石，而是平坦柔和，这里是人们的度夏胜地，蒙克画了很多在裸体海滩游泳或晒日光浴的人们。《波浪》一画，向我们展示了维兹登的迷人魅力。画面的视角很独特，好像是眼睛贴着海平面看到的景色。海中的波浪泛起层层涟漪推向金黄的沙滩，天空或紫或蓝深浅不一，倒映在海水里。波浪薄得透明，流动着梦幻般的色彩。

1916 年，蒙克又在克里斯蒂安尼亚城西郊的埃克利购买了一处房地产。这里就像一个庄园，有大片的田地和高高低低的果树、灌木丛，西面是柔缓的山丘，向南眺望可以看到挪威峡湾的远景，而在漆黑的夜里，还可以看到克里斯蒂安尼亚城的点点灯光。这起起伏伏的原野真是绝美

《黄色的圆木》，1911 年～1912 年

《归途中的工人》，1913 年～1915 年

《波浪》，1921 年

的风景。蒙克是一个热爱风景的画家，他的画总是带着斯堪的纳维亚特有的色彩。这里特有的自然环境造就了充满想象力的神话：巨人、侏儒、精灵、火、电、光、冰河、苍穹、森林，迥然不同于希腊罗马神话中那些跟凡人一样的诸神纠葛。因为这里的人们离自然的变幻最近，他们有着爱幻想的基因。蒙克热衷于对色彩的探索，也得益于这片土地给予他的想象力。

让我们看一下这两幅像神话世界一样的风景画吧：《雪中的风景》，一个普通的黄昏，白雪覆盖，天幕低垂，一座小房子倚在山脚下，房中透出的那一点暗红的灯光暖化了整个画面，那白雪仿佛也像棉被一样给人带来慵懒迷醉的感觉。《星月交辉之夜》，一幅以蓝色调为主的风景画。曾经，忧郁的蒙克用蓝色调画了《圣克卢之夜》，那种蓝色阴暗粗糙，笼罩着死亡的气息。而《星月交辉之夜》这幅画的蓝，却带给人迥然不同的感觉。在这里，他把大地画成球幕的形状，地平线得以延长。近景是辽阔的原野，同样被白雪覆盖，点缀着几株树木。最大的亮点是幽蓝的苍穹和点缀其中的星辰，显得离地面那么近，像是要洒下什么秘密。而远处那一片城市的灯光，如梦如幻，如海市蜃楼一样遥不可及。

《雪中的风景》，1925 年 ~1926 年

《星月交辉之夜》，1923 年 ~1924 年

## 第二节　永远的“太阳”

1909 年冬季的一天，蒙克像往常一样翻阅着报纸，这时，一则文字吸引住了他——在报纸上，他发现了奥斯陆大学刊登的一则公告。1911 年是奥斯陆大学建校 100 周年，为此，校方建起了一座宏伟的庆典礼堂，并希望招募一位卓越的艺术家来为礼堂大厅创作装饰壁画。看到这则消息，蒙克心中一动。长久以来，蒙克身边最不缺少的就是争议，几乎从最初进入众多艺术家的视线开始，他的作品就从不曾被祖国所接受。直到去年获得了祖国授予的勋章，他才终于感受到了来自祖国的温暖，因而，要为祖国做些什么的想法就一直盘踞在他的脑海中。而这次发出公告的奥斯陆大学更是奥斯陆最重要的学府，这使得蒙克毫不犹豫地参与了竞争。

不久之后，蒙克就接到了市政府的委托函，而他的构思工作也早在此前就已经开始。可是事情并没有想象中那般顺利。尽管蒙克尽心完成设计，勤奋地探索合适的主题和表现手法，甚至变体画都画了改改了画，数易其稿。可是当他把自己初步完成的几幅画作交给校方的时候，却直接被打了回来，因为校方的很多领导人物对蒙克的艺术风格抱有很大偏见，极力抵制他来完成这项工作。蒙克多次解释与斗争，却收效甚微。到 1910 年，蒙克将已初步成型的“历史”组画送到“柏林分离派”画展上展览并赢得了极大的关注，他的其他作品也在欧洲大陆上受到越来越多的赞誉，奥斯陆大学校方的反对声这才小了一些，然而还是没有接受蒙克的作品。这天，蒙克的一位朋友詹斯·瑟斯到访，谈及此事，笑呵呵地说：“你安心作画就好，那群‘老顽固’交给我来对付。”蒙克好奇道：“你打算用什么办法？我跟他们沟通一点效果都没有。”詹斯·瑟斯道：“对付顽固的人，就要表现得比他们更顽固。”随后，在詹斯·瑟斯的煽动下，一个私人赞助委员会成立，在随后的四年内不懈地将奥斯陆大学壁画这个问题提出来，直至校方顶不住压力，放弃了坚持。1914 年，校方决定将蒙克的设计作为私人奉献的礼物收下。实际上，壁画的最终揭幕已经到了 1916 年的秋季。

现如今，走进宏伟的奥斯陆大学礼堂，迎面看到的就是蒙克的画作。壁画的三幅主体画《历史》、《太阳》和《母亲》联有八块小的长条覆墙壁画，反映的主题是人类渴望美和知识—科学的冒险。在创作期间，蒙克曾写道：“我想使这装饰画成为独立的思想世界，表现挪威人的特质和人类生活。我想让大厅的新古典主义风格和我的绘画风格有共同的特点，特别是简朴。尽管画是挪威的，但它们将有机地结合起来。我想让三件主体作品《太阳》、《历史》和《母亲》产生宏伟而令人震惊的效果，而周围那些小作品就更柔和、更明快一些，以保持大厅的风格，起到一个画框的作用。”抛开主体画不谈，周围用来做“画框”的小作品蒙克也画了多稿。最终的完成图中，《太阳》左边的构图是瀑布下三个人，一个站着将手伸向日光，一个伸开手臂坐着，第三个躺在地上休息。《太阳》的右边，我们发现了一个继续表现主体画中太阳光的构图，在太阳的光线中，小天使形状的发光精灵在空中舞蹈，而下面部分是两个躺着休息、陷入沉思的人。

值得一提的是，蒙克并没有像当时大多数创作壁画的艺术家一样采用湿壁画的手法来完成这几幅作品——实际上，蒙克几乎没有采用过湿壁画的形式。这种绘画方法要求画家用笔果断而且准确，因为颜色一旦被吸收进灰泥中，要修改就很困难了，所以并非所有的画家都能胜任这一艰苦而繁复的工作。而且在墙壁上作画时，不能等着墙皮完全干燥后再画，而是要在墙灰潮湿尚未全干的时候就开始作画了，这样，画上去的色彩容易渗入潮湿的墙皮里，色彩与墙皮混在一起，才不易脱落。这种技法无疑有它独特的优势，但也有明显的缺点：画在湿泥灰上的颜色在干燥后常会变浅，最终往往形成一种灰蒙蒙的效果，色彩极难把握。对色彩极其敏感的蒙克在最初创作壁画的时候便放弃了这种技法，而采取先在画布上作画，最后装饰在墙上的手段，因此，至今我们看到奥斯陆大学的壁画仍最大限度保留了一个世纪前的效果，色彩强烈而鲜明。

左手边的《历史》是三幅主体画中最写实的一幅。画面左侧是一株古老的橡树，树干粗壮，枝桠远远地延伸，

湿壁画技法，是墙壁绘画的最持久的形式，先在作画的墙上抹上粗糙的灰泥，形成“粗灰”层，草图就描画在这层灰泥上，渐渐渗进墙壁里；然后再在其上覆盖一层“细灰”层，并且在上面重画一遍草图。画家在这层潮湿的新泥灰上，用以水调和的颜料作画，在这一阶段，颜色和墙壁就会永久地融合在一起。

撑起虽未实际画出却可以想象得到的庞大树冠。树下，位于画面中心的是一个老人和一个孩子。老人面容沧桑，衣着古朴，似乎在用悠远的语调向孩子讲述着很久以前的故事；孩子纯真的脸上满是好奇。由于在克拉吉居住期间，蒙克受到优美的自然环境的熏陶，笔下的风景画愈加明丽，这使得《历史》这幅画中对自然环境和古老橡树的表现非常到位，鲜明的轮廓和写实的细节处理显得游刃有余。这棵古老的橡树可以看作是一个象征，生命之树，这也是在蒙克的画作中曾反复出现的意象；而老人，则可以视为传统的承载者。选择老人这个意象，蒙克是经过反复比较和考量的。最初蒙克设计了一位先知的形象，他以一个两性人的样貌出现，同时具有男人的胡子和女人的胸部，手举在额前。这样的一个形象允许各种哲学意义上的解读，晦涩难明。而在另一稿的设计中，一个年轻的裸女身体伸直躺在老人膝盖上，旁边一个小孩用手捂住眼睛似乎在哭，这个景象被蒙克称为“哀悼基督”。然而最终，蒙克的画剔除了宗教意象和哲学的晦涩解释，最直白地将主题表现了出来。

主体壁画右手边的一幅是《母亲》，又被叫作《母校》或《祖国》。原本被安排在这个位置的是《探索者》，强调青春、探索和学习自然，后来转变归结到伟大的母亲、永恒的再生这一主题上。在这幅画的中心，一位妇人和怀中的两个孩子吸引了人们的绝大部分注意力，这位母亲的表情温柔喜悦，慈爱地看着自己的孩子；这组人物右边另有两个儿童，但形象并不突出，几乎与环境融为一体。这幅画的风景也表现出一片平静的气氛。右边前景有一棵大的冷杉树，在树的后面是一片白树，富于装饰味道的白色树干与背后蓝色的小丘形成对比。左边，有一条蜿蜒的海岸线，水面反映着树木和小丘，以及飘着白云的高高天空。

主体画正中央的《太阳》无疑是整个庆典大厅壁画的绝对主角。《太阳》是一幅宽达四米半、长达八米的巨幅画作，以红、蓝、粉红、金等颜色描绘出灿烂丰富的光线。画的上面三分之一部分和该画中心组合的太阳光完成了传统的文艺复兴三角构图，画底下三分之一部分覆盖着大地和海岸线，一直延伸至画的中部。光线外围以偏冷的色调调和画面，光线呈圆形交织放射；海岸和小丘的曲线都点缀以珠宝似的小色块；中央的白色如火团一样地崩裂，与辐射的黄光线相融合，显出无尽的能量，在主体太阳下还有一个像蛋黄一样的小太阳，体现了宏伟的意境。整个画面磅礴大气。太阳就像生命之源，对日照少的挪威来说尤其如此。当我们站在这幅画面前时，感到一种光明笼罩了

《历史（局部）》，1909 年～1914 年

蒙克为奥斯陆大学设计壁画时的照片
（上图背景是《太阳》，下图是《母亲》）

身体，刺激了心灵：这是克拉吉的太阳、挪威的太阳、北欧的太阳、人类的太阳！此画是蒙克以其独特天赋完成的巅峰之作，同时也是他 20 世纪上半叶最重要的作品之一。蒙克使用非人物的主题避开了所有寓言性的引喻，同时也没有专注于装饰风格的写实景象，而是将斑斓而富有活力的色泽赋予了太阳的光谱，让雄伟的太阳原始而厚重，使人想到柏拉图的对话，想到但丁的诗篇，想到永远伟大的力量。

所有这些壁画的突出特点是构图巧妙、简单、有力，它们使整个庆典大厅具有了教堂那样的庄严气氛。从这些画里，我们已经完全看不到那个曾经忧郁消沉的蒙克的影子了。当这幅画最终揭幕的时候，蒙克满足而疲倦地坐了下来，他需要休息一下劳累的身躯，同时也该感受一下被公众承认的荣耀了。

《太阳》，1911 年～1914 年

## 第三节　名扬世界

1908年是蒙克个人生活的转折点，从这时开始，他也逐渐获得了公认的地位和声誉。这时候，现代派艺术已经由19世纪90年代的星星之火发展成了燎原之势，蒙克被新一代艺术家们奉为精神领袖和先驱，因为现代艺术在作为一种风格上的倾向确立之前，蒙克就已经开始研究一些问题了。1908年，他被挪威授予爵士勋章，就已经是一个标志性的里程碑。这一年，奥斯陆国家美术馆在主任詹斯·瑟斯主持下，又收购了蒙克的5幅作品。

在1910年至1918年期间，蒙克的作品在柏林展出了11次，在奥斯陆8次，在斯德哥尔摩6次，在哥森堡4次，在哥本哈根3次，在巴黎2次。第一次世界大战的那几年在一定程度上限制了他在欧洲大陆展览的可能性，可是，在维也纳、慕尼黑、罗马、汉堡、德累斯顿、布雷斯劳、巴门、耶拿、杜塞尔多夫、莱比锡、卑尔根、特隆赫姆和克拉吉洛仍有他的展览。他的作品已经遍布欧洲大陆。其中比较重要的是1912年德国科隆举办的那次世界性的现代艺术展览，目的是对现代艺术进行较全面的概括和评述，明确发展的倾向。蒙克作为一个对现代艺术的奠基起了重要作用的艺术家被邀请参加了展览。在这里，他结识了德国科隆《早期日联合报》的名誉委员科特·格提塞，他在1917年出版了一本关于蒙克的书。1913年，在柏林举办的秋季画展上，蒙克和毕加索是应邀参加画展的仅有的两个外国人，主办方专门为他们各自开辟一间画室，展出自己的作品。

从1919年起到1943年去世，蒙克在欧洲大陆共举办了90次展览（二战期间只有4次，都是在斯堪的纳维亚半岛上），其中比较重要的一次是1922年在瑞士苏黎世举办的大型展览，展出了73幅油画、86幅版画。而在他艺术生活中规模最大、也象征着他艺术声誉巅峰的，是1927年在柏林国立美术馆举办的大型回顾展，展出了223幅油画、21幅水彩和素描；紧接着，这些作品又在奥斯陆国家美术馆展出。

我们要注意的是，这些频繁的展览已经跟过去蒙克漂泊欧洲时期由画商操纵的展览截然不同。在这些展览中，蒙克是被邀请、被尊重的对象。蒙克本人也并非每次展览都到场，实际上自从他永久居住在挪威以来，虽然也有旅行的时候，但已经远没有以前那样紧张和范围广。特别是他人生的最后十年，几乎足不出户。

1933 年，在 70 岁生日之际，他收到了大量的礼物，有来自他的朋友的，也有来自崇拜者的。其中有：法国授予他荣誉勋位十字勋章，挪威授予他圣奥拉夫最高十字勋章。他的老朋友詹斯·瑟斯和住在奥斯陆的高更的儿子波拉·高更在挪威出版了蒙克的第一本传记。

1928 年在英国伦敦皇家美术协会中出现了蒙克的 5 幅作品，这是他的作品第一次出现在英格兰岛（1936 年他又在这里举办了一次个人画展）。1931 年，蒙克受苏格兰艺术家协会的邀请，在爱丁堡举办展览，展出了 12 幅作品。次年，苏格兰国家美术馆在格拉斯哥组织了一次展览，有蒙克的作品参展。

蒙克的作品首次被介绍到美国，是在 1912 年，参加的是美国斯堪的纳维亚协会在纽约主办的现代斯堪的纳维亚美术展览。1913 年，蒙克又在纽约举办的“军械库画展”上展出 8 幅版画作品，博得了很多好评。1915 年，蒙克参加在旧金山举办的巴拿马和平国际美术展览会，他的版画作品获得了金质奖章，这些作品也在波士顿和芝加哥展出。1929 年，蒙克作品在圣弗朗西斯科蒙克参加了一次国际展览。1931 年，他的版画作品在底特律展出。匹兹堡的卡内基学院分别在 1926 年、1927 年、1933 年和 1934 年分 4 次展出了蒙克的画作。

就连在遥远的东方中国，也有一个叫鲁迅的文学家在 20 世纪 30 年代痴迷于蒙克的版画艺术，还自己编定了蒙克的版画集，他的小说集甚至也取名为《呐喊》。

# 第7章：最后的日子

## 第一节　晚年生活拾零

自从 1909 年回到挪威以后，蒙克先后购置了四处房产，工作室加起来有四十多间，与他年轻时曾经身无分文、流浪欧洲各地甚至欠下房租的状况相比，真是天壤之别。四处房产相距不远，周边环境各有特色，蒙克喜欢不断地更换工作环境。不过在他晚年，最常住的还是克里斯蒂安尼亚西郊的埃克利庄园。

此时，蒙克对画画的热情丝毫没有减少，他的艺术地位已经得到公认，现在画画，只是一种安度晚年的方式。

只有拿着画笔，他才感觉到生命的存在。老友来访，不需客套，直接走进他的工作室，蒙克点点头，算是打了招呼，然后注意力又集中到模特身上。

他把画布支在画架上，凝视模特一会儿，陷入思索，然后又看一看，接着就伸直手臂，拿起炭笔画出最初的几笔。他边画边观察，慢慢地，观察模特的次数越来越少，到最后就完全专注于画布。模特似乎很熟悉蒙克的工作方式，能把握合适的时机放松一下，而且也不多说话，两人配合默契。

蒙克喜欢用自己熟悉的模特作画，因为跟陌生的模特合作，他需要不停地跟模特说话，他是怕模特说话会打断自己思路。在画了二十多分钟素描后，他开始用颜料，这里一点那里一点，还不时把画取下画架，放到另一间屋子，站到远一点的地方对画沉思，然后又把画放回画架，更加专注地作画。

这里每个房间都是他的工作室，他只有几件老家具，几把藤椅就算是最奢华的东西了。而画框、画架、画页、石版印刷机、铜版画工具、电炉等，却在每个房间都能看到，颜料管、松节油、画笔、调色板散乱地放在地板、装货箱和椅子上。这已经是他多年的习惯，不管房间是大是小，总是显得同样拥挤。

当创作进入到最后的阶段时，房间里更加沉寂，只听到画笔在画布上柔和的嚓嚓声。有时他用力很强，涂抹着奔放的笔触，松动的画框会发出咯吱咯吱的响声。画作终于完成了，一幅美丽的女裸体呈现在画面上。蒙克满意地放下画笔，给模特披上大衣，吻吻她的面颊："亲爱的，辛苦你啦!"模特温柔一笑，到外面去休息。蒙克这才招呼朋友一起欣赏这幅画。朋友随意地说："她可真迷人，不是吗?""哦，当然。她是个东西方混血儿。""做画家真有福气，总是守着年轻美丽的姑娘。""哈哈，可惜咱们都已经老了。就是这个模特，比尔吉特，跟我好几年了，她还是我的管家呢。前些日子，我向人家求婚，人家理都不理。""老伙计，真是开玩笑。年老的爱恋年轻姑娘，可以理解。人家年轻姑娘凭什么看上你这个老头子?"蒙克与朋友同时自嘲地大笑起来。

早已经对爱情泯灭了热情的蒙克，自然不指望还有什么婚姻。晚年，蒙克像描绘自然生命一样地描绘着模特，年轻模特那蓬勃的生命力，让他很珍惜。他先后跟几位模特保持着长期的合作。跟她们交流是老画家很开心的事，半开玩笑半认真的求婚，丝毫不影响他与模特的关系。在

《坐在长沙发上的模特》这幅画中，一位身姿曼妙的姑娘坐在沙发上，穿着宽松的毛衫和长裙，脸上露出恬静温柔的神情，背景是书架、画框和家具，显得很家常，很亲切。在画这幅画时，艺术家是否把模特看成了这个房间的女主人呢？

蒙克把朋友带到自己的露天画室参观，这间画室是在1929年建造的。这里就像一个木栅栏围成的围场，直接暴露在阳光下，只是沿墙有窄窄的屋顶，可以帮贴墙放置的画作遮挡风雨。蒙克自己驯养的梗犬也跟进来，围着主人的裤腿转来转去。蒙克说："这个画室是我设计的。这样既可以在户外作画，又因为围墙而阻断了干扰。"朋友问："这些画常年挂在这里吗？"显然，有些画已经褪色了，有些画的颜料还产生了裂纹。蒙克抚摸着画作说："画就像自然一样，是有生命的。把它们放在室外，充分地跟自然亲近，它们会在不同的光线和阴影以及不同的季节里呈现不同的面貌。当它在这里放几年以后，就比较有样子了。"

这位艺术大师晚年的一些性格癖好，也十分有趣。朋友来访，他侃侃而谈，神采奕奕；但有时，却整天不说一句话。跟他一起住的仆人或亲属有事问他，他就用书写的方式来表达。他对自己年轻时的画作非常珍惜，有的毁了

《艺术家和他的模特》，1919 年 ~1921 年

《坐在长沙发上的模特》，1924 年

的、丢了的或卖了的，到了晚年，他都想办法重新画出来，所以他的很多画都有不同版本。他虽然不常出去旅游，但喜欢读报纸看新闻，对新鲜的事物很感兴趣，那时话剧舞台上出现了电灯照明的视觉效果，他觉得不错，也巧妙地用在室内人体画中。作为一个一辈子跟视觉艺术打交道的人，他对照相机和摄影机的偏爱也值得一谈。

早在 1902 年，蒙克就在柏林买了一台小巧的牛眼照相机。这台相机陪伴了他很多年，他有时会照出照片，再根据照片画画，当然，这绝不是原样呈现，而是他观察的一种方式。实际上，他曾说过："照相机永远不能跟画笔进行竞赛，除非是在天堂和地狱里使用。"这就是说，只有画笔才能表达出那种犹如天堂和地狱的情绪。蒙克除了拍景物，还喜欢自拍，类似于今天用手机自拍的大头照，单手捏住相机，镜头朝着自己，或正面或侧面，都不固定。当照片洗出来时，会有一些意想不到的效果让蒙克大呼过瘾。

蒙克很喜欢电影，还从中汲取了不少表现手法，我们在蒙克的不少画中，都可以看到那种突出前景、强调对角线的构图，可以看出电影与照相技术革命的影响。他的不少具有革新思维的作品中，都能看到类似电影的视觉设计，制造出人物向着前方、向着观众移动的幻觉。不过，他第一次亲自“拍电影”，是在1927年。这一年，他知道自己的作品回顾展将要在柏林举行，这将是一次规模空前的回顾展，所以，他在法国买了台摄影机，一买到手，就先拍了不少街头即景来练习。到了柏林，他用摄影机记录自己画展的情况。然后，他又到德国东部的德累斯顿旅游。他对车水马龙的街景十分偏爱，不过也没忘了拍易北河边的标志建筑：王宫广场和萨克森国王雕像。回到国内以后，他还在自己的工作室拍了不少有趣的素材，包括自己的花园和奥斯陆大街上的景象，当然，还有部分自拍。从这些，可以看出这位老人的童心。

## 第二节　自画像，从衰老走向死亡的自我观察

蒙克从小体弱多病，有相当长的时间在病床上度过。在中年时期，他曾长年与烟草和酒精为伴。漂泊浪荡的生活严重损害了他的身体和精神健康，以致他数度进入疗养

院。他亲眼目睹了太多身边的亲人和朋友的生老病死，对自己的生命长度似乎没有任何期待。他青年时就曾怀疑自己活不过 30 岁。在生病和精神堕落的时候，他随时准备迎接死亡。但命运总是很神奇，他在健康状态的起起伏伏中活到了八十高龄。在晚年生活中，他画了大量的自画像，通过这种方式来审视自己的生命。

1919 年，一场人类历史上最致命的传染病——西班牙流感，降临到蒙克的头上。他在头痛、高烧中感到自己就要踏入深渊，地狱的烈火将要啃噬他的肌体。但幸运的是，他活了下来。他当时还不知道，这场疾病造成全世界 17 亿人中的 10 亿人感染，2 500 万到 4 000 万人死亡，远远超过了刚刚过去的世界大战。

他拖着刚刚痊愈的身体，画了一幅《流感中的自画像》。画中的蒙克穿着厚重的袍子靠在一把藤椅上，一副刚刚从几乎耗尽生命的疾病中恢复过来的模样。这与十年前在哥本哈根结束治疗后画的那幅充满力度的自画像形成了多么鲜明的对比！蒙克的自画像从来不是对自己写实的描绘，而是与当时的精神状态有密切联系。如果我们看蒙克晚年的照片，看到的是一个精神矍铄、身材挺拔的老人，依稀透着年轻时的英俊，但是自画像中的蒙克却衰老憔悴。

在一幅《夜晚流浪的自画像》中，体现的似乎是他深夜梦游的场景，两眼从颧骨处开始便一片阴暗，面部充满粗糙的线条，身体微微向前躬着，造成一种清冷浑浊的氛围。

1930年的5月，一个意外事件几乎断送了蒙克的画家生涯。由于过度的劳累和高血压病，他的右眼底一根血管破裂，左眼的视力也大幅下降，在一段时间里几乎完全失明。他只好听从大夫的建议进行长时间的休息。在修养的这段时间里，他看着眼前时而一片黑暗时而像万花筒一样变幻莫测的图像，慢慢回忆自己的一生。许久没有像现在这样放下调色板和画笔休息过了，这次会是永远的告别吗？如果无法康复，那么艺术生命的终结对他来说也就相当于生命的终结了。到了8月份，眼疾的治疗有了很大进展，蒙克迫不及待地拿起久违的画笔，画出了一系列光怪陆离的图案。他在一张纸上用透明的水彩颜料画了一个大的光圈，四周是暗沉的斑斑点点，中间一道白色夹杂着红色的曲线。旁人问他画的是什么，他说，这是眼睛生病时的视网膜。这时，我们发现，经过这段时间的思考，他似乎对生命豁达了很多。他像科学家一样，根据自己的体验记录视力在生病情况下造成的紊乱，用自嘲的态度面对日渐衰老的自己。

《哥本哈根的自画像》，1909 年

《流感中的自画像》，1919 年

《夜晚流浪的自画像》，1923 年

在生命最后的几年里，他就像一个旁观者一样，看着画中的另一个自己与死亡提前接触。他在为一个医生朋友画的肖像画中，描绘了一具正在被解剖的尸体，而那具尸体就代表着蒙克自己。在《吃鳕鱼头的自画像》中，手持刀叉的蒙克两眼呆滞地望向画面之外，与面前的鳕鱼头的眼睛何其相似，似乎象征着他在解剖自己的头颅。他用画笔涂鸦了很多自己面部的速写，凌乱的笔触、夸张的纹路，无不表现出生命最后的衰弱和不安。

在生命的最后几年中，蒙克依然集中了所有的精力进行着顽强的创作，画出了两幅代表他晚年风格的杰作。在《站在时钟与床铺之间的自画像》中，蒙克直立在他的卧室里，他的右边是一座落地的大座钟，左边是一张有彩条床罩的床，身后是一墙的艺术作品。画中，钟表上没有时间刻度，意味着时间的停滞，而那张代表着休息的床就像即将承接他的尸体的灵柩台。他孤独地站立在钟与床之间，双手无奈而沉重地下垂着，脖颈和肩膀细瘦无力，脸很憔悴，双眼呆呆注视着前方，呈现出的似乎是对生命将尽的无奈。

在另一幅作品《晚年的自画像》中，画家站在窗户前，斜睨着窗外，嘴角向下撇着，表情刚硬而犀利。窗外，

蒙克 75 岁时的照片，1938 年

《吃鳕鱼头的自画像》，1940 年

《站在时钟与床铺之间的自画像》，1940 年

《晚年的自画像》，1943 年

是挪威最常见的冰天雪地的冬景，白雪裹缠着树枝；室内，供暖设施的颜色与白雪一样冰冷。但画家旁边的墙壁却像火一样弥漫着红色，与画家黑红的脸膛互相映衬。这幅画的情绪是那么强烈，人物似乎在轻蔑地等待死神的到来。

蒙克是一个通过画来表达心灵感受的艺术家，而自画像是他对自己最直接的旁观和考察，他一生的自画像达上百幅之多。很少有艺术家能够像蒙克这般无情地剖析自己，他通过自画像来审视自己的艺术家角色、自己与周围世界的关系以及生命从衰老走向死亡的过程，他是最为极端的不耻于在画中暴露自己的丑陋的画家，因为他相信人类的心智，远远不是那些传统肖像所能捕捉到的。

## 第三节　二战之痛

1933 年初，老艺术家蒙克依然像往常一样在自己的埃克利画室过着闲适安宁的日子。这一年，他将度过 70 岁生日，老朋友们早就开始给他准备礼物了，詹斯·瑟斯和住在奥斯陆的高更的儿子波拉·高更也基本上完成了他的第一本传记，今年就能出版了。一切似乎都很平静，丝毫没有迹象能够预示接下来世界的巨变。

就在这一年，阿道夫·希特勒在德国上台，对国家生活进行了全面改组，建立起集权统治的法西斯体制，并且加紧扩军备战，世界战争的论调甚嚣尘上。集权和战争是毁灭人类生命的恶魔，也是摧毁文化的刽子手。本来是纯粹的艺术，一旦卷入政治的纷争中，便被强加了其他含义。纳粹党推行极端的民族主义，党魁希特勒年轻时也曾立志当画家，他只喜欢传统保守并且能体现德意志民族优越性的作品，把反传统的现代性画作都视为反传统的象征。1937 年，收藏在德国的各家博物馆的 82 幅蒙克绘画，在德国大众画廊展出，被纳粹分子指控为“颓废派作品”并予以没收。这个消息深深震惊了蒙克，他担心自己画作的命运。他还不知道，跟他的作品遭受同样厄运的现代派作品达一万六千多幅，其中大部分被卖掉、烧毁或被纳粹党的首领抢走，蒙克的那些作品也很快出现在了瑞士的拍卖行，有的还出现在了奥斯陆的拍卖行。他甚至应该庆幸，自己的作品没有被选出来参加“颓废艺术”展：纳粹分子从全国没收的所谓颓废派作品中选出七百多幅在慕尼黑展出，他们把这些画作跟精神病人的画并陈，把艺术家作为嘲笑讽刺的对象。

1939 年 9 月 1 日，德国利用闪电战入侵波兰；两天后，英法对德国宣战，人类历史上规模最大的战争拉开帷幕，全世界被卷入硝烟和战火；7 个月后，挪威被德国占领。

蒙克想到自己藏在德国的作品，现在挪威的国土也在纳粹的魔爪之下了，那自己是不是岌岌可危了？他既担心，又心痛。德国，那是他的第二故乡啊。那是一个包容的、仰慕天才的国度，那是一个崇拜文化的地方。正是在德国，他创作了自己一生中最重要的作品，最早赢得了国际声誉。德国是他举办画展次数最多的地方。1923 年，他就被授予德国皇家美术学院的成员资格，1925 年被选为慕尼黑的巴伐利亚艺术学院的荣誉成员。他被德国的桥社、青骑士社等表现主义艺术团体奉为先驱。他对在挪威的德国的年轻艺术家关爱有加，还给予经费上的帮助。可是现在，德国成了他的敌人。

他为自己的祖国而心痛，决心不与侵略者往来。对祖国的爱，使他在 1940 年 4 月 9 日——德国军队攻陷挪威 14 天后——立下遗嘱，将全部作品捐献给奥斯陆市。

他更加沉默寡言，只是默默地整理自己的笔记和文章，这些承载着他的一生。他回顾自己一生，经历了种种苦难，几乎像走钢丝一样，随时面临着崩溃和死亡。但是命运之神似乎在跟他开玩笑，让他活了这么久，让他有充分的时间去回忆和总结。所有故人都已经凋零，只剩下孤独的他。同时，他也是达观的，在以顽强的毅力克服了生命中的各种感情危机和病痛之后，他完成了自己这部气势恢弘的人生交响曲。

1943 年 12 月 19 日，已经度过了 80 岁生日的蒙克，正在埃克利画室的火炉旁静坐着。他的头发已经全白，身上的皮肤松弛下来，薄得透明，像一条吐尽了丝的蚕。风烛残年的蒙克觉得这年冬天比往年更加寒冷，天空更加阴霾，透着死亡的气息。突然，一声巨大的轰鸣打破了沉寂，蒙克觉得身体一震，耳朵嗡嗡地响了好久，他眼看着门窗玻璃七零八落地掉了下来。原来，是反纳粹组织袭击了弹药库，蒙克家附近的码头被人蓄意炸毁了。不明所以的蒙克受到了惊吓，精神一蹶不振，从此卧床不起。一个月后，1944 年 1 月 23 日下午，81 岁的挪威画家爱德华·蒙克，在他奥斯陆郊外的埃克利画室停止了呼吸。他的家人都已经在天堂等他，此时陪在他身边的，只有 1 008 幅油画、15 391 张版画、4 443 幅水彩与素描、6 尊雕塑、6 000 册藏书，还有他整理好的自己多年以来的笔记、信件、照片、绘画工具。

## 第四节　表现主义的先驱

蒙克是一个在艺术领域获得多方面成就的艺术家，终其一生，他都没有停止对艺术的探索和开拓。他的作品主题和体裁广泛涉及人物肖像、风景、动物、版画、油画、装饰壁画等多个方面。他善于思索和总结，将自己的艺术见解和理论付诸笔下，加以文学性的表达，形成了大量学术性和文学性兼备的文字遗产。

蒙克的艺术大都离不开与个人经历相关的主题，这是从艺术之路起步时就奠定了的。一方面，他把个人的身世、家庭的创伤造成的悲观绝望的气质诉诸艺术，自我剖析和表达内心的情绪；另一方面，为了克服这种与生俱来的孤独、痛苦，他又不得不与内心的消极情绪作斗争，他的艺术就是内心矛盾和斗争的形象化表现。

蒙克的作品中带有一种无可奈何的感伤色彩，这既与他的个人经历和内心世界有关，又与社会环境有关。在艺术史上，蒙克被认为是“世纪末”的画家，他的主要画作几乎都完成于19世纪90年代，体现了欧洲知识分子和艺术家精神生活特有的时代烙印。19世纪末以来，资产阶级传统的精神文明、宗教教义和价值观受到了现代工业化和都市化洪流的猛烈冲击，社会异化，都市动乱，旧的精神趋于瓦解，新的观念又未形成。在这种背景下，人们处在机械和资本的漩涡中，感到无法排解的压力和困境。理智受到干扰，人们的精神处于极度不安宁的状态，处处都是紧张的气氛。而蒙克的画作中表现的孤独、恐惧以及对生命的解构，唤起人们强烈的共鸣。

从艺术开拓的角度，他成长在印象派、后期印象派、“新艺术”运动崛起的年代里。他从最初学院艺术流行的自然主义、外光主义，到在20世纪80年代作品中有社会倾向性的现实主义，到横跨进入印象主义，最后找到了与自己的心理倾向最一致的表现主义的风格，找到了最真诚的艺术表达方式。他艺术中的理想主义和非原型的主观表现，给后来的表现主义以决定性的影响。他与梵高、塞尚、高更、马蒂斯、毕加索等现代派大师一样，在磨难中甘当殉教者和圣徒，开启了一个轰轰烈烈的现代艺术新时代。他的文化魅力将不断地波及未来的时空。

蒙克去世的时候，挪威仍被德国占领，他的收藏不能立刻公开。1945 年，德国投降，欧洲大陆终于迎来了久违的和平，沉寂多年的文化活动终于复苏。经历了战火的人们对人生的认识更加深刻。1946 年，奥斯陆国家美术馆举办了蒙克遗赠展览，蒙克的作品再次与公众见面。人们对这位艺术大师表达了崇高的景仰和珍惜。很快，建立专门

蒙克博物馆

的博物馆来保存蒙克艺术遗产的方案被提上日程。1963年，蒙克一百周年诞辰，蒙克博物馆建成开放。

如今，蒙克博物馆已经同议会广场、大剧院、维格兰雕塑公园一样，成为奥斯陆市的标志，是旅游者必去的地方。那里陈列着蒙克的代表性画作、他使用过的工具、他的手稿、他童年的家具；地下放映室里，一部蒙克的传记电影在循环播放。2001 年，他的祖国挪威将他的肖像和作品印在了最高面值 1 000 克朗的流通纸币上，正面是画作《忧郁》中的海滩、栈桥背景，背面是那光芒万丈的《太阳》。但我们应该记住，蒙克的艺术的腾飞，是从卡尔·约翰大街那次 10 欧尔（注：100 欧尔约等于 1 克朗）一张门票的个人画展开始的。

挪威货币上的蒙克头像（正面）

挪威货币上的蒙克头像（反面）

# 附录：蒙克年谱

1863 年 12 月 12 日，生于挪威南部小镇洛登。父亲是克里斯蒂安·蒙克。母亲是劳拉·边斯坦德。

1864 年，1 岁。迁居挪威首都克里斯蒂安尼亚。

1868 年，5 岁。母亲肺结核去世。卡琳姨妈照顾家庭。

1877 年，14 岁。姐姐索菲亚肺结核去世。

1879 年，16 岁。进入以培养工程师为目标的专科技术学校。

1881 年，18 岁。11 月，从技术学校退学，进入学习美术的国家艺术学校。

1882 年，19 岁。与 6 名年轻艺术家在议会广场租画室，接受自然主义画家克罗格指导。

1883 年，20 岁。第一次参加克里斯蒂安尼亚秋季画展。

1884 年，21 岁。加入波西米亚集团，与首领汉斯·耶格交往密切。与有夫之妇米莉恋爱，以悲剧告终。

1885 年，22 岁。初次旅行巴黎，接触印象派、后印象派。

1886 年，23 岁。完成《病孩》，在秋季画展上展出，引起抗议风暴。

1889 年，26 岁。春天，在克里斯蒂安尼亚举办了第一次个人展览，由此获得国家奖学金，得以赴巴黎留学。冬天，与丹麦诗人艾曼努尔·戈尔斯坦在巴黎郊区圣克卢居住。父亲去世。创作《圣克卢之夜》。

1892 年，29 岁。为回应滥用奖学金的谣言，在卡尔·约翰街举行个人展览，从此断绝与挪威官方美术机构的关系。是年被柏林美术家协会邀请举办展览，引起轩然大波，画展被迫关闭，被称为“柏林丑闻”。在画商支持下在杜塞尔多夫和科隆办展览，从此定居柏林。与黑猪酒吧团体中斯特林堡、普兹拜科夫斯基、梅尔格雷夫等关系密切。在随后的两年中，“生命”组画开始形成。

1893 年，30 岁。创作《呐喊》。12 月 3 日，第一次展出以“爱”命名的系列作品。

1894 年，31 岁。《爱德华·蒙克的艺术》一书出版。在柏林创作了第一批铜版画。与杂志《潘神》有联系。

1895 年，32 岁。弟弟去世。梅尔格雷夫为蒙克出版了

8 幅铜版画在内的对开本画册。10 月，回到克里斯蒂安尼亚，在卡尔·约翰大街布鲁奎斯特美术馆举办主要作品回忆展，国家美术馆收购《抽烟时的自画像》。结识易卜生。12 月，巴黎《白色评论》杂志发表了蒙克的石版画《呐喊》。

1896 年，33 岁。来到巴黎，开始尝试彩色石版画和第一批木刻版画。为波德莱尔的诗集作插图设计。参加巴黎秋季独立沙龙画展。

1897 年，34 岁。再次参加巴黎秋季独立沙龙画展，展出 10 幅作品。开始在莱茵河两岸赢得声誉。9 月，在克里斯蒂安尼亚举办大型综合展览，获得成功。

1898 年，35 岁。与挪威酒商的女儿图拉·拉森相恋。

1899 年，36 岁。到意大利旅行，研究文艺复兴时期的艺术，对拉斐尔的大型装饰画产生兴趣。

1902 年，39 岁。在柏林分离组织的展览中展出 22 幅“生命”组画。与图拉·拉森之间的爱情纠葛导致手枪走火事件。受赞助人林德医生邀请来到吕贝克居住数月，创作了一系列以林德住宅、花园、家人为题材的作品，包括 14 幅铜版画和 2 幅石版画。古斯塔夫·斯基夫勒为蒙克的版画作品编制目录。

1903 年，40 岁。和 1904 年两次参加了巴黎的春季独立沙龙画展，都受到了普遍欢迎，并引起了正在兴起的野兽画派艺术家们的注意。

1904 年，41 岁。在魏玛宫廷受到欢迎。在柏林和汉堡分别与画商签订了版画和油画出售权的合同，不久后悔，发现自己处在画商控制之下。直到 1907 年才在林德医生帮助下解除合同。

1905 年，42 岁。在捷克首都布拉格举办画展，是其艺术生命中最难忘的经历之一。

1906 年，43 岁。为柏林里恩哈特剧院设计壁画，为易卜生的两部舞台剧设计布景。

1908 年，45 岁。精神崩溃，住进哥本哈根的雅各布森疗养院。被皇家艺术协会授予圣奥拉夫勋章。

1909 年，46 岁。回到挪威，在南海岸克拉吉买下房地产。从此定居挪威。画风转向明亮宁静。开始为奥斯陆大学节日厅的装饰画进行创作设计。

1910 年，47 岁。买下维兹登房地产。

1912 年，49 岁。德国科隆举办世界性的现代艺术展览，蒙克受到邀请。

1916 年，53 岁。9 月 14 日，奥斯陆大学礼堂壁画揭幕。在克里斯蒂安尼亚近郊埃克利购房，减少与人交往。

1919 年，56 岁。感染西班牙流感。

1927 年，64 岁。在柏林国立美术馆举办大型作品回顾展，展出了 223 幅油画，21 幅水彩和素描，继而这些作品又在奥斯陆国家美术馆展出。自己拍摄电影短片。

1929 年，66 岁。在埃克利庄园建造露天画室，让作品“亲近自然”。

1930 年，67 岁。眼疾发作，右眼遭到损伤，视力下降。

1933 年，70 岁。生日收到大量礼物。荣获挪威授予的圣奥拉夫大十字勋章。第一本个人传记出版。

1937 年，74 岁。德国纳粹分子以抵制“颓废艺术”为名，没收德国收藏的蒙克作品 82 件。

1940 年，77 岁。德国占领挪威期间，立下遗嘱，将全部作品捐给奥斯陆市。

1944 年，81 岁。1 月 23 日，在埃克利庄园逝世。

1963 年，一百周年诞辰。蒙克博物馆建成开放。

蒙克作品——《呐喊》